現役東大医学部生が教える

最強の勉強法

東京大学医学部
宇佐見天彗
Usami Subaru

二見書房

はじめに

※警告※「受験業界に革命を起こします」

「受験業界に革命を起こす」という言葉は、並大抵の覚悟でいえることではありません。どうか私のいうことをそのまま鵜呑みにせず、慎重に続きを読んでください。

これは、私からあなたへの挑戦状です。

私に洗脳されることなく、あなたの考えでものごとを判断してください。

突然ですが、質問です。最近こんなことを耳にしたことはありませんか？

「偏差値○○から現役で東大合格しました」

「たった3ヵ月で偏差値を○○上げました」

「地方高校出身から○○大学に合格しました」

こんな夢のような話あるわけないだろう……

冗談をいわないでくださいよ……

と、私も昔はこのように思っていました。

受験勉強、とくに東大や医学部など偏差値の高い大学には、

- **高1のころからコツコツと勉強している**
- **もとから地頭がよく、才能がある**
- **都会の超進学校や大手予備校に通っている**

というような真面目な人だけが合格する。言い換えるならば、受験勉強には「一発逆転はありえない」そう思っている人も少なくはないと思います。

ただそう思っているあなたにこそ、この本を読んでいただきたいのです。

実は、最近受験業界でこのような古い常識をくつがえす革命が起きようとしています。

というのも、「限られた」「一部の受験生」は、才能はもちろん、住んでいる地域や、通っている高校や予備校とかに関係なく、短期間で成績を爆発的に上げている、つまり「小さな革命」を起こしているのです。

現在、私はできる限り多くの人に、この「小さな革命」を起こして、人生を劇的によい方向に変える手助けをしています。

「お前は誰だ?」君の名は?

申し遅れました。私はこの本の著者の宇佐見天彗(すばる)です。

私は地方高校から現役で東大に合格し、現在東京大学医学部医学科に通っています。

またサークルでは100人規模の合唱団のテノールのパートリーダーとして、はたまたアルバイトでは塾講師や家庭教師、添削指導者としても活動してきました。

ごめんなさい、実はこれだけではありません。

これらと並立して、現在インターネットを通じて「現役東大医学部生すばる」として、自分自身の失敗経験や成功経験などをもとにした現在進行形で改良しつづけている勉強法を、1000人以上の高校生に教えつづけて、小さな革命を起こしています。

とくに教育への熱意は、人一倍強く、「地方の高校生を勉強の面で救っていきたい」という本気の思いから、アルバイトやサークルとも並立しながら、このような活動をしているのです。

具体的には、東大合格・com(http://todaigoukaku.com/study/)というブログやTwitter(@todai_igakubu)、LINE(@subaru_todai)、またyoutube(ユーチューブ)などのさまざまなSNSを用いて、独自の勉強法を全国に配信しています。

また同じように受験生に本気で教える活動をしている、たとえばyoutubeで有名な篠原好さんともタッグを組んで、先日は8時間のセミナーを開催して集まってきてくれた方に勉強を教えました。

今年の7月には、母校の先生から「受験生向けに医学部のことや勉強のことでアドバイスをしてほしい」という講演のご依頼を受けました。最初は驚きましたが、喜んでOKをし、当日朝5時に起きて、新幹線で4時間以上かかりましたが、地元の香川県に向かい、母校の受験生向けに、東大医学部生として、また一人の受験経験者として話をしてきました。

その際、時間ぎりぎりまで生徒の質問にしっかりと答えたり、悩みや相談にのって、とても充実した時間を過ごすことができました。

またこれだけではありません！

8月にはオープンキャンパスで東大に来た母校の生徒に直接会って、夕食会で豪華な食事をしながら、いろいろな悩みを聞くことで、高校生が具体的にどのような壁に直面しているのかリサーチすることができました。

また勉強法だけではなく、その伝え方、発信の仕方という面でも、思考を凝らし、「どういうことをすれば、もっとわかりやすく、そして大勢の高校生に自分の思いをストレートに届けることができるのか？」を真剣に考えて、次々と新しいことにチャレンジしています。

自分一人でできることは最大限やりますが、やはりどんどん新しいことに取り組んでいくためにも、いろいろな人とタッグを組んで協力すること、また今よりももっとＳＮＳを使って、住んでいる地域に関係なく、不特定多数のさまざまな学生と交流を深めることに全力を注いでいます。

あなたのなかに「小さな革命」を

今回勉強法の本を出版することとなりましたが、今この本を手に取っているあなたにこそ本書を通じて、私の教育に対する本気の思いと、アップデートしつづける勉強法を届けたい。そしてスピード感をもって実践してもらい、短期間で着実に成績を上げてもらうことが私の真の目標です。

つまり、あなたにこそ自分のなかに「小さな革命」を起こしてもらいたいのです。

正直なところ、東大医学部でここまで教育に熱心な人間は私一人しかいないと思っています。

もちろん東大生の多くは、アルバイトで塾講師や家庭教師などをやっていますが、インターネットを通じて地方の高校生にも勉強を教えてあげたいという意欲を持って、時間をかけて実践している人はほとんどいないのが現状です。

しかし私が先駆けとなって、本書を通じて、私が教えられることは余すところなくすべてお伝えしたいと考えております。

「小さな革命」を起こすうえで必要なもの、それは「正しい勉強法」と「基礎から教えてくれる指導者」の2つです。

実際、東大合格者に聞いても、2つとも揃っている人ばかりです。

「自分にはどっちも揃っていないよ……」という人でも安心して下さい！

本書では私があなたの指導者として、私の経験を踏まえたうえでわかりやすく、そして実戦的かつ再現性100パーセントの「最強の勉強法」をお伝えしていきます。

そのかわり「なんでもいいや」という気持ちでは絶対に読まないでください。

「必ず本気でついていく！」という覚悟を持った方のみ、読み進めていってくださいね。

本書の読み方について

本書は、一般の勉強法の本の「約1・5倍の質と量」を意識して作りました。そのため本書から学ぶことはあなたの予想より多いはずです。

基本的には1章から順番に最後まで読んでいってもらいたいのですが、ただ初めから漫然と読んでいっても、あまり効率的ではない場合もあると思います。

とくに受験生の人は第1章を何回も繰り返すよりも、第2章以降の具体的な勉強習慣や、暗記法などを見て、すぐに吸収し実践していったほうが効率的です。

では「どう読んでいくべきか？」ということですが、今のあなたの現状に合わせて本書の読む順番を変えていってほしいのです。

詳しくは次のフローチャートを見てください。

ほかにも、コラムとして誰も教えてくれない「新時代の勉強法」や、医学部受験生に向けたアドバイスなども書かれています。ただノウハウコレクターになるのではなく、1日

◉すばるさんって一体何者なの!?
◉他人の成功体験を詳しく聞きたい
◉まだ受験生ではない方へ

第1章へ GO

◉まず勉強の仕方から学びたい
◉そもそも勉強の意義がわからない
◉勉強の習慣化ができていない

第2章へ GO

◉そもそも暗記が苦手な人
◉効率のよい暗記法を学びたい
◉各科目の勉強法を知りたい！

第3章へ GO

◉勉強の習慣はついているが、
やる気や集中力が起きない
◉ついダラダラしてしまう
◉１日でこなす量を増やしたい！

第4章へ GO

◉自己啓発したい！
◉自分の思いに芯がない
◉受験生に限らずすべての人向け

第5章へ GO

３つとかでもよいので、「素直にすぐに実践する」ということを前提において読んでいきましょう！

そうすれば誰でもすぐにワンランク上のステージへ進めることをお約束します。

目次

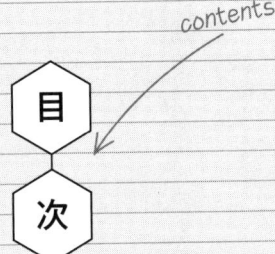

contents

現役東大医学部生が教える

最強の勉強法

◆目次◆

はじめに

第1章 地方の落ちこぼれから東大合格までの壮絶な過去を暴露します

第2章 受験勉強に取り組むうえで守るべき大前提

第3章 覚えたことを忘れず生かせる記憶術

第4章 勉強のやる気を一気に高める超実戦的テクニック

第1章

地方の落ちこぼれから東大合格までの壮絶な過去を暴露します

現役東大医学部生って宇宙人⁉

突然ですが、「東大医学部」と聞くと、どういう印象を受けますか？

「日本で一番頭のよい集団ですよね！」

「つまり宇宙人の集まりじゃん！」

なんて思っていませんか？

宇宙人というと、よくよく考えると、あまりいい印象ではなさそうですよね。もっと具体的に聞くと、ほとんどの人がこのような答えをしています。

「東大医学部生は、今までの人生で勉強しかしていないんじゃないかな？」

「勉強ばかりしているだけで、ほかのことは何もできないのでは？」

実のところ、私も中学、高校のときはそう思っていたんです。東大医学部生に限らず、東大生と聞くだけで、

「頭がよい人なんだな」と思う一方、「勉強以外のことはできるのだろうか？」

なんてことも考えたりしていました。ただ、実際私が東大に現役合格して、その後トップ10に入って、東大医学部に進学して『東大医学部生』として仲間と過ごすなかで大きく印象が変わりました。

そのなかでも、とくに声を大にして伝えたいのは、**東大医学部生は、例外なく『自身の勉強＋α』に取り組んでいる人ばかり**ということです。

たとえば私の友だちでも、

- **テレビのクイズ番組に出て優勝して、テレビでも活躍しているS君**
- **医学部の勉強をしながら、法学部の勉強（司法試験）にも両立して取り組んでいるG君**
- **現役で東大医学部に入り、水泳部の関東大会で2位になったT君**

……など、ほかにもたくさんこのように、医学部の勉強は当たり前！　それに加えて「別の新しいこと」にも挑戦している人ばかりなんです。

ある意味、これも宇宙人だと思われるかもしれませんが、何がいいたいかというと、まずは「勉強しかできない集団」では絶対にないということ。むしろ、**ほぼ全員が自己管理能力にたけており、さまざまなことに本気で取り組み、両立している**ということなのです。

実際私も勉強のほかにも、サークル活動では、100人規模の合唱サークルでテノールのパートリーダーとして、合唱の指導はもちろん、組織の運営にも関わっており、ほかにも東大に入ってからアルバイトでは、「集団指導」「個別指導」「添削指導」「家庭教師」などあらゆる教育関係のことをしています。

また現在では、東京都内の受験生はもちろんのこと、**勉強で悩んでいる全国の高校生を救っていきたい**、ということで、インターネットを通じて、LINEやメールなどで勉強法を教えたり、全身全霊をかけて直接学習をサポートをしたりして、自分の塾を運営しています。

このあとに述べていきますが、私は勉強も好きですが、それ以外のこともできることがあれば最大限いろいろな体験をしていきたいというのが自分の信念ですので、まだ学生ですが今の時期から、このようにいろんな人の役に立とうともしているのです。

すばるさんも超エリートでは？

ここまで聞くと、

「そんな東大医学部に進学したすばるさんはもとから頭がよかったんじゃないの？」

「すばるさんは、開成・灘のような偏差値の高い高校出身で、頭のよいエリート大学生だ！」

なんて思われるかもしれません。もちろん実際東大医学部となると、8割以上の人が都会の進学校の人ばかりで、地方出身の人は2割も満たないくらいです。

また中学2年生のときに、高校の数学の範囲まで終わらせていた！　なんて人や、数学オリンピックで金メダルをとった人など、世界レベルで十本の指に入るくらいの強者（つわもの）もいます。

ただ私もそのように昔から超天才エリートかというと、現実はまったく正反対なんです。

私は、四国・香川県のごく普通の家庭の生まれで、地元の公立高校出身です（実際、四国というだけで、東大医学部のなかではレアキャラ扱いで、実際香川県では私一人なんです）。

まわりには駿台や河合塾などの大手予備校といわれるところはほとんどなく、いつも都会の子たちをうらやましく思っていました。しかし、自分の高校は、都会の開成、灘のような超進学校と比べると、東大・京大を志望する人も合格する人も悔しいことに少ないという状況でしたが、県のなかでは一番の進学校で、毎年現役東大合格者を出し、京大・阪大・旧帝大はもちろん、理系の多くは国立医学部を目指す学校でした。

ただ、そのなかでも入った当初から超天才だったか？　というとそれも残念ながら違うのです。実際中学のときには、人には見せられないような恥ずかしい点数と順位をとり、高校もギリギリで入り、高校に入ってからも、３つ以上の部活動に所属して、勉強なんて眼中にはありませんでした。

これからこの第1章では、私の普通の人が体験したことのないような、どん底のスタートから、いかにして短期間で爆発的に成績を伸ばして、東大に合格し、そして東大に入ったあとトップ10に入り、東大医学部に進学して、人生を１８０度変えたのか、そのちょっとドラマチック（笑）なストーリーを紹介していきます。

もしこの本を手に取っている人が、昔の私と同じように、**成績が上がらずにどんどんまわりと差をつけられて、本当に夜も眠れないくらい焦っている**のであれば、真剣にここから私の冗談抜きのリアルなストーリーを読んでみてください。

120人中118位という落ちこぼれでした

私は、生まれも育ちも香川県で、実際高校卒業まで他県で生活したことはありませんでした。大のうどん好きで週7でいろんなうどん屋さんに行っては、さまざまなうどんを食べ歩きしたこともありました。

ただ香川県は、都会とは違って、難関私立中学や高校は1つもないため、中学受験や高校受験では熾烈な争いはなく、まわりのレベルはそれほど高くはありませんでした。

そんな中学生活でも、正直本当に何をやってもうまくいかない超落ちこぼれ人間でした。いいえ、実際は**「超落ちこぼれ」という表現ではまだまだ十分ではないくらい、ほんとに人脈なし、才能なし、やる気なしの人間**でした。

勉強はある程度しっかりやっていたにもかかわらず、塾に入って勉強しても、ほぼずっと一般クラスのままで、難関クラスの生徒にはいつも差をつけられていました。

とくに当時一番衝撃を受けたこととしては、中学3年生のときの国語のテストで**『120人中118位』**という救いようのない成績をとったことです。

実際の点数では、50点満点の28点で、とくに勉強していない人も35点はとれるといわれているテストだったこともあり、どん底に突き落とされるくらい衝撃を受けたものでした。

またこの1回のテストがたまたま悪ければよかったのですが、実際ほかの時期の同じテストでも、50点満点の29点、32点のような成績をとっていました。

まわりからは「おまえ、何語できるんだよワロタ」などと馬鹿にされ、「日本語すらできない男」としてある意味笑いものにされていました。

ちょうどその国語のテストでは、文章問題と、最後にお題が出されて、それについて200字で作文をするという問題もあったのですが、実際そのテストを母にみせたとき、いつもやさしい母が一言。

「**書いていることの意味がわからない……**」

自分では時間をかけて真剣に書いたものだったため、当時は何がどういけないのかすら、わからないレベルでした。

こういうと「すばるさん、悪ガキだったのでは?」なんて思う人もいるかもしれませんが、それもまったく逆なんです。

塾にも休まずに行き、部活動も卓球部に所属して中学3年生までやっており、また生徒会副会長として、学校の運営にも関わっているくらい、正統派少年だったと思います。

ただ中学のときは、自分の卓球のラケットを友だちに貸して知らないうちに折られていたり、ロッカーのなかにみかんの皮がぎっしり詰められていたり、自分の自転車だけ空気を抜かれていたり、帰りのバスを降りるときに自分のバッグのひもをつかまれて、降りられなかったりなど、当時は毎日がチャレンジングな生活でした。

ただ、このようなことはまだ我慢できるレベルだったので、自分の親には心配をかけたくないという一心から、家族には黙っていました。

ただこんな私が、どうやって東大現役合格を果たし、人生を180度変えたのか、その話をわかりやすくかつ具体的にしていきますが、実はこの経験はある意味無駄ではなかったのです！

本当に間一髪！　ギリギリの高校受験

高校受験ということで、私は県下一番の公立高校を受けようと思っていましたが、残念ながら内申点もそこまでよくなく、またテストの点数も安定しなかったため、私の中学からは120人中60人程度は行けるといわれているその高校に受かるのも、確実とはいえませんでした。

推薦入試と一般入試の2つを受けるチャンスがありましたが、前者の推薦入試はほんの一握りの人のみが合格するものでした。

とくに内申点がカギとなっていて、220点満点の200点は最低でもなければ難しいといわれていましたが、私は174点しかなかったので、予想どおり推薦入試には落ちてしまいました。

ただ一般入試ではなんとしてでも合格したいと思いましたが、一般入試は1科目50点が5科目、すなわち250点満点の210点は必要といわれていました。

国語があまりにも足を引っ張っており、まわりからも「すばるは合格しないだろう……」と思われていたのです。

高校入試本番では、最初の国語は、意外と自分ではできた！　という感触がありましたので、そのあとの試験も最後まで乗り切ることができました。

蓋を開けてみると、意外にもできたと思った国語は32点という結果で、なんともいえませんでしたが、理科・社会がたまたまよかったため、214点というギリギリの結果でした。ただ受ける前にいわれていたのは、内申点と本番の点数を合わせて400は超えなければ難しいと聞いたことがあり、自分は内申点174点＋214点＝388点だったため、どうして受かったのかいまだにわかりません。

実際の最低点などは公表されていませんが、高校に入ってみていろいろな子に聞いても、自分よりも低い人はほとんどおらず、**本当にギリギリ、もしかすると最低点というレベルでの合格でした。**

高校の合格発表のときは、友だちから受かるのは難しいのでは？　といわれていた分、合格掲示板の前で、「すばるが合格している！」と突如まわりの子たちに胴上げされて、テレビカメラに写ってしまったというのも、ある意味よい思い出です。

もちろん、まわりからはキセキがおきた！　と揶揄されたこともありました。

ただ中学とは環境がガラリと変わるということで、新生活に期待ばかりしていたことを今でも覚えています。

人生で「初体験」をしました

高校に合格してからは、新しい人や環境の出会いの連続で、とても楽しいことばかりでした。

中学までは3クラスしかなかったのに、高校になったら7クラスもあるというだけで、ワクワクしているくらいでした。

そしてクラス発表で7組になり、すぐに5月の体育祭に向けてクラスメイトで協力し合うことが多くて、もちろんいじめなどは高校に入ってからは一切なく、とても充実した高校生活を送っていました。

高校に入った最初は、中学よりもさまざまな種類の部活動があったため、勉強というよりも部活動に打ち込みたいという思いから、いろいろなところを回り、「音楽部」「将棋部」「応援部」の3つを掛け持ちして、大変でしたがとても面白い経験ができていました。

音楽部というのは、軽音とか吹奏楽部と思われがちですが、基本的には「合唱」をやる部活でした。

音楽部は、コンクールに出たり、文化祭で歌ったり、また高校で催されたコンサート（第九）のソリストを務めたりするなど、いろいろな経験ができる楽しい部活でした。

実際、**部活は日曜日以外の週6日あり、高校3年生の9月の文化祭まである比較的ほかの部活よりはハードなものでした**が、私は副部長として最後までやめることなく続けました。

応援部に関しては、友だちから誘いがあり、高1の文化祭の発表や、夏の高校野球の応援のために駆りだされたりと、高1の夏が一番忙しかったです。

将棋部に関しては、大会は年に数回あり、頻度は決まっておらず、行きたいときに行くという感じの部活でした。ただ中学のときには将棋部はなかった分、高1のころは毎日将棋部に行っては先輩と指していました。

実は将棋は私にとっては思い出深いものだったのです。

というのも、私の父は自分が小学校のころから、単身赴任で県外に行っており、だいたい2カ月に1回くらい休日に香川に帰ってきてくれるという生活でした。

　そのときに小学校3年生くらいから、将棋を教えてもらい、父が帰ってくるたびに「将棋をやろう！」といっては、毎回指していました。

　自分が小さいころは、ハンデをつけてもらっていましたが、年が経つごとに自分の実力もついていき、中学生のときにはハンデなしで指してときどきですが勝つこともありました。

　もちろん父とはほかにもいろいろな遊びをしましたが、やはり**将棋は幼いころから、単身赴任の父と私をつなぐ思い出の遊びでもありました。**

　私は将棋のクラブなどには入ったことがなく、小さいころから父親と指していただけでしたが、将棋部に入ってから2カ月もたたない5月中に、小さな大会がありました。

　香川県のなかでの大会でしたが、初めて指した相手が、ほかの高校の3年生の方でした。学年も違うし、自分は初めての大会だったので少し不安はありましたが、なんとその方に将棋で勝ったのです！

　そのあとも4人と指しましたが、通算4勝1敗という結果で、高校1年生ながら将棋連盟の方に「すごいね！」とほめていただきました。

「将棋どこで何年習っていたの？」と何人にも聞かれたのですが、「習ってはいませんが、小学生のころから2ヵ月に1回くらい父親と指していました!」と答えたときに、自分にもできることがあると自信が湧き上がり、とてもワクワクと高揚してくるものを感じました。

中学のときには、いろんなことに挑戦したもののあまり自分の思うようにいくことが少なかったのですが、この父と私をつないだ将棋が、**私の人生で初めての成功体験となったことが、心の底からうれしかったのです。**

高校1年生の秋からは、音楽部の役職(副部長)が決まったこともあり、応援部や将棋部には夏以前に比べるとあまり顔は出せませんでしたが、その分音楽部に全力を注いで、コンクールやソロオーディションでソリストに選ばれるなどさまざまな体験をしていくことになるのです……。

家族の「裏側」を知ることになりました……

高校に入ってからさまざまな新しい発見を次々にしていき、とても充実していた矢先、家族間で大きく変わったことがあります。

父は私が小学生のころから、単身赴任で2、3ヵ月に1回くらいの頻度で土日に帰ってくることがずっと続いていました。私の母も毎日働いており忙しいにもかかわらず、毎朝早く起きて、ご飯を作ってくれたり、洗濯や掃除などすべての家事をしてくれていました。当時の私からするとそれが当たり前のように思えていましたが、成長するにつれてしだいに意識するようになり、母にいろいろな負担を背負わせていたことに対し、できるだけ早く親孝行したいとうっすら思うようになってきました。

父の単身赴任はずっと続いていたので、母との暮らしは変わりませんでしたが、高校生になったときにある変化がありました。

実は私には3つ上に兄がいます。兄も私と同じように生まれも育ちも香川県ですが、ちょうど私が高校受験のときに兄は大学受験をしており、なんとか県外の私立大学に合格し、一人暮らしするようになりました。

そのため、高校生になってから、母と二人暮らしという生活になったのです。

ただ父が久しぶりに帰ってきたとき、私が寝ているあいだに父と母とのあるやり取りが聞こえてきました。

兄が県外の私立大学に行ったため、大学の学費や、兄の一人暮らしによる生活費などが、これまでの生活に加えてかかるため、家計が厳しくなっているようなことでした。

もちろん、両親は私に不安をかけさせたくないからか、そこまで詳細なことは伝えてくれてはいませんでしたが、なんとしてでも将来親孝行して、金銭的なことはもちろん、今まで自分を一生懸命育ててくれた両親に感謝して、大きな家を建ててあげたり、いろいろなところに連れていってあげたりしたいと思うようになってきたのです。

兄も親孝行のためか、奨学金を借りていたため、生活が困るというほどではなく、そこは安心できましたが、いつ何が起こるかわからないので、できるだけ早めに自立して親孝行をしていきたいという気持ちがだんだん強くなってきました。

しかしその気持ちは強くなっても、高校生の自分はアルバイトをすることはできなかったため、家事を手伝うようなことしかできず、具体的にどうすればよいのかということは、すぐにはわかりませんでした。

そんななかある本に出会って、自分の目的や潜在意識が根本から変わることになったのです。

いい意味でだましてくれた、ある本との出会い

高校に入ってから最初は、計3つの部活動に入り充実した生活は送っていたものの、勉強に関して、高校入学時はあまり一生懸命取り組んだわけではありませんでした。ただ、そんななかある漫画に私は出会い、これが私の人生を大きく変えてくれるものになったのです。

その漫画というのは、当時一番流行っていた『NARUTO』や『ワンピース』などのようなものではなく、『ドラゴン桜』（三田紀房作）という今までに見たことのないような内容のものでした。

私の母が兄に読ませようと買ってきたらしく、家の本棚に全21巻が揃っていたので、それを1週間かけて、学校から帰ってきたあとや、休日などに家で読んでいました。

私は本を読むのが遅く、1つの単行本を読むのにも1カ月かかるようなくらいの遅さでしたが、その漫画はあまりにも面白くて、全21巻もあるのに、集中して1週間で読み切ることができました。

知っている人が多いと思いますが、『ドラゴン桜』という漫画の内容は次のようなものです。

勉強ができず落ちこぼれで、人生を諦めかけていた高校3年生の水野直美と矢島勇介の二人。桜木という弁護士が、かつて受験指導に大きな実績をあげた個性あふれる教師を集めて、二人にさまざまな東大受験テクニックや勉強法を教えていき、東大逆転合格を目指していくというものでした。

全21巻を読んで、受験テクニックや勉強法はもちろんのこと、リアリティのあるストーリー仕立てとなっていたので、彼らのモチベーションの上がり下がりや、心境の変化なども具体的にあたかも実体験しているかのように感じることができました。

『ドラゴン桜』を読み終わった私は、

『こんな奇跡のようなことって起きるんだ！』

『こんな自分でも東大に行けるかもしれない！』

とよい意味でだまされたのです。

それまでは大学受験なんて、大学は高校よりも山ほどあるので、高校3年生のときに、自分の身の丈にあったところを目指せばよいなんて思っていたのですが、『ドラゴン桜』を読み終えたあとは、**東大受験以外考えられなくなってしまったのです。**

『ドラゴン桜』のなかでもとくに次の2つのフレーズに大きく心を打たれました。


「人間ははっきりとゴールが見えれば準備し達成へと着実に進む。逆に目標を持たなければ漂流しやがて無気力になっていくんだ。」

「いいか！　学校ってのはな、いうならキップ売り場だ。目的地までのキップは用意してある。それを決めて買って乗るのはおまえらだ。だがな、俺が売っているのは、そこらのキップとはちがう。東大行きという超極上のプラチナチケットだ！　これを買えば旅のはじめは大変だが、あとには見事な絶景と快適な列車が待っている。買わなきゃ一生ボロ汽車で断崖絶壁を走るんだ。問題は買うか買わないか。答えは買うにきまっている！」

「東大合格はプラチナチケット」という言葉は、実際今自分が東大に現役合格し、東大医学部生として過ごしているなかでも、心の底からいつも感じることです。

実際、東大合格すれば、学歴ブランドが手に入るというのはもちろんですが、それよりも**最高の「環境」と切磋琢磨しあえる「仲間」が手に入ることが一番のメリット**だと思っています。

今の自分が東大生という視点から見て、もう一度『ドラゴン桜』を読んでも納得することばかりで、本当に高校1年生のちょうどあの親孝行したいと思っていたときに出会って、そしてよい意味でだまされて本当によかったと思っています。

ただ当たり前のことですが、『ドラゴン桜』に書かれている勉強法をおこなえばだれでも必ず東大合格できるというわけではありません。

『ドラゴン桜』をときどき批判する人がいますが、その方の意見としては「あの勉強法だけでは東大合格は難しいから役に立たない」というものが多いです。

私は『ドラゴン桜』の価値は、勉強法や受験テクニックというのはもちろんある程度ありますが、それよりも**「東大合格を錯覚させてくれる」**ところにあると思っています。

普通に生きていると、東大とは日本最難関で、天才たちの集まりなんだから、自分のような平凡な人間は行けるはずがないと思ってしまうのが当然だと思います。

この『ドラゴン桜』を読むと、どんな人でも「自分でも東大に行けちゃうのではないか？」と思いませんか？（まだ読んでないという人はぜひ読んでみてください）。

私はそのことが非常に重要なことだと思っています。

実際、私もこの漫画によって「錯覚」させられたからこそ、**東大合格という目標、ゴールが見えてきて、結論からいうと早めに準備し達成へと着手することができた**と思っています。

この漫画のおかげで、私は高1の段階から実力はとても遠かったものの、東大合格しか考えられませんでした。

漫画を読んでただ漫然と行きたいと思ったわけではありません。

前に述べたとおり、私は家族を本気で救っていきたい、親孝行していきたいという思いはあったものの、具体的にどうすればよいのかあまりわかりませんでした。

この『ドラゴン桜』によって、親孝行のための必要条件＝「東大合格」という方程式が見えてきたのです。東大に入れば自分が圧倒的に成長することができ、またほかの大学に比べると、就職という面からも「安定」に近いと、当時の自分は考えたのです。

いろいろと自分のビジョンが見えてきて、高校1年生ながら志望校が決まったことに喜びを感じて、すぐに母に『絶対に自分が東大に入って幸せにしてあげるからね！』と宣言していました。

母も「楽しみにしているね！」と笑顔で返してくれたのを今でも覚えています。

当時は自分の国語の成績もあったし、もしかしたら冗談だと思われたかもしれませんが、**否定することなく、自分の目標を応援してくれた母に本当に感謝でいっぱいです。**

もしあのとき母に「東大なんてなに冗談いっているの？」なんていわれていたら、自分の人生というレベルで大きくマイナスの方向に走ってしまうことになったのだと思うと、やはり**「親の一言」というのは、意外と人生レベルで重要なんだなということをつくづく感じます。**

東大を目指すようになってから

東大を目指すと決めたものの、とくに勉強に関しては、もちろん学校で習った最低限のことは勉強していましたが、苦手な国語にはあまり手を付けず、というよりも国語はとくに勉強しても成績の伸びを感じることができず、悩んでいました。

そのかわり自分の相棒となる教科ができたのです！

私が高1のときの初めての定期テストで、もちろん各教科のテストがあるのですが、数学Aという科目で、**人生初の100点**をとることができたのです！

そのテストは正直にいうと難しくはなく、因数分解だけのテスト、つまり計算だけのテストだったため、計算ミスしなければだれでも満点はとれるというようなものでしたが、自分がギリギリで入った高校のテストで初めて「100点」を見て、モチベーションが一気に上がったのです。

ちょうど私のクラスでは40人中100点が二人いると先生がいっており、そのあとでみんなが探偵のように、そしてあたかも『ウォーリーを探せ』のように、「誰が100点をとったのか」を探っていたのを覚えています。

私がその一人であることを知った中学時代を知る友だちからは「すごいな！　どうやっ

て勉強したん？」と驚きながら質問され、「いや、今まで勉強していなかっただけやから」と照れながら答えていても、正直心のなかでは、「次もよい成績をとってやろう！」と数学のテストが楽しみになっていました。

数学Iのテストは普通の点数だったのですが、数学Aで100点をとったことで、「数学」が好きになりましたし、得意なのではないかという錯覚によって、モチベーションアップにもつながりました。

このことはあとの章で具体的な勉強法としてもお伝えしますが、成績やモチベーションを上げるためには、『小さな成功体験を作る』ということが大切なのです。

短期間で成績を爆発的に上げる人の特徴としては、**「小さな成功体験」がきっかけで、どんどんそれが「成功の連続」につながって、指数関数的に伸びていく**ということが多いのです。

そしてどんどん自分のなかで基準値が上がっていき、「このテストで8割とれるのは当たり前」というように、潜在意識のレベルで変わってくるのです。

そのため、高1のときには、嫌いな国語は古文の文法など最低限の暗記事項をやるだけで、現代文に関してはやる気は起きませんでしたが、数学に関しては、毎日隙間時間に解くくらい夢中になり、そして数学職員室に行っては先生に質問をよくしていました。

実際大学生になってから、高校の数学の先生に「数学職員室によっけ遊びに来よったなぁ」といわれるくらい、ある意味私にとっても先生にとってもよい思い出です。

「集団テロ事件」が起きました

高1も高2も部活をやりつつ、勉強は好きな科目だけをおもにやっているという感じで月日が経っていきました。高校2年生のときには、理科・社会も増えてきてやるべき量が多くなってきたり、英語などは難易度が高くなってきたりと、受験のレベルに近づいているのを感じていました。

ただ私の高校で高2の11月くらいに信じられない出来事が起きました。

出来事というよりも、最初はある噂でした。

『**部活をやめないと受験で失敗する**』

テレビでやっていたのか、どこかの塾の先生がいっていたのかわかりませんでしたが、急にそんな恐ろしいうわさが広がっていきました。

その噂を聞いた人が受験勉強に焦りを感じはじめたのか、今まで必死に頑張ってきた部活を時間がないからという理由でやめていくという事件があり、それは一人だけでなく一定の期間に次々に私の友だちも含めて、部活をやめていく人が増えていきました。

本当にたったその1つの噂によって、多くの人が部活をやめていくという、まるで恐ろしい「集団テロ事件」が起きたのだと思ってしまいました。

正直、私もまわりの状況を見た途端、全身から汗が噴き出るほどひどく焦りました。

ですが、私は部活はやめませんでした。自分が音楽部の副部長でもあり、高3の9月の文化祭まで部活があるということはもちろんですが、ちょうど高2の12月に、高校で開かれた大規模なベートーヴェンの第九演奏会で、自分がテノールのソリストを務めることが決定し、ソプラノ、アルト、ベースのソリストも自分と同期の音楽部の仲間が選ばれたからです。同期の仲間と演奏会を成功させたいという強い思いで練習に打ち込み、その結果、本当に歌の楽しさを知ることができました。

自分の受験勉強において、東大を目指すからには時間はほしいとは思っていましたが、そこで**部活をやめて時間を増やすというよりも、部活を続けながら、そのかわり今まで以上に自分の隙間時間を見つけていく、そして不必要なことをする時間を削っていく**ということに集中しました。

ほかの人を見ていると、部活をやめたにもかかわらず、それによって、時間があると思い込んで効率が悪くなってしまうという人が多いように思えました。

仮に東大に落ちてしまった場合「なんであのとき部活やめなかったの?」「部活をやめておけば時間も増えて合格できる可能性も増えたのにもったいないね」といわれるのは絶対に避けたかったため、その「集団テロ事件」が引き金となり、自分をいい意味で追い込んで効率を上げることができました。

相棒に裏切られた「43」という数字

それからは受験も意識した勉強をしていましたが、苦手な科目の克服や、進学校の生徒と比べるととくに理科・社会なんかはあまり範囲が進んでいない状況でした。

地方の公立高校あるあるですが、理科・社会に関しては、センター試験前に全範囲が終わるということが普通にありうるため、自分としてもある程度予習はしていました。

ただほかの子に差をつけられたままではヤバイと思い、ゴールデンウィークに過去問にチャレンジしたり、1カ月に1回の頻度で模試を受けたりと、受験生を意識した刺激の多い生活を続けて、もちろん部活はやりつつ、今までよりも隙間時間を見つけて勉強していました。

そのような生活が続いて、いよいよ受験の天王山と呼ばれる、受験勉強のなかでもっとも大事な時期である夏休みを迎えましたが、そんなあるとき**8月に受けた東大模試で、自分にとって全身から汗が噴き出るほど衝撃を受け、そして人生を狂わすほどの絶望を味わうことになる**のです。

東大模試に関しては、8月の段階ということもあり、理科に関しては全範囲を完璧にカバーしきれていなかったので、得意の数学で点を稼いで、英語・国語はだいたい4割から5割を狙う予定でいきました。

実際、東大模試を受けているときは、やはり普段の模試とは違う感触だったのですが、とくに数学の問題を解いているときに、今まで感じたことのないような焦りと不安が脳裏によぎりました。

「解ける問題が……ない！」

今までの模試は数学に助けられて、苦手な国語と中和してという感じだったのですが、東大模試が終わったあと、一番信頼していた数学に裏切られて、泣き崩れてしまいました。

「このままでは本当に落ちるかもしれない……」

もちろん東大は日本最難関ということで、並大抵の努力では合格しないということはわかっていましたが、まさか自分の一番得意な数学で、模試の問題を思うように解くことができず点数も上げることができなかったとは、今までの努力が水泡に帰したといっても過言ではないくらい衝撃を受けました。

案の定、模試が返却されたときには**一番得意だった数学の偏差値が43**でした。

この数字を見た瞬間、身体全体が一瞬で凍りつき、ふと「なんでこんなに勉強のセンスがないんやろ……」「自分には東大に向いていないかもしれない」という考えが何度も頭をよぎりました。

まわりからも、「偏差値43とるなんて、東大無理なんじゃやないの」といわれているように感じ、本当に人生のどん底を経験し、絶望していました。

血の滲むような3ヵ月間

そんな日々が続き、本当に不安で東大もあきらめかけたときに、**ふと自分が東大を目指しはじめたときのことを思い出しました。**

高校1年生のとき、東大を目指したときに、その理由をひたすらに書き記したノートを引き出しの奥底から引っ張り出して、再び初心に戻って考えました。

私が**「東大に入りたい！」**という気持ちが強くなってきた理由は、こうです。

自分の高校からは、東大・京大に行く人は少数で、とくに医学部を目指していた人は浪人をして地元や近県の大学に行く人がほとんどでした。

私はそのような面白みのない環境を変えたかったのです。

東大は地方からさまざまな人が集結する、ある種、夢のような場所でした。

東大に入れば自分のやりたいことを全力でサポートしてくれる環境がある。そんな環境で勉強や、サークル、またいろいろな人との出会いがとても楽しみでした。

そしてなんといっても私は、今まで支えてくれた家族に感謝したい、恩返ししたいという気持ちで胸がいっぱいでした。

そのため**「必ず東大に入って、親孝行して、絶対に親を幸せにしてやる！」**そう心のなかで固く誓って、本気で東大を目指すことを決めたのです。

一番得意な数学で偏差値43をとって、絶望ばかり感じていましたが、東大を目指す理由を再考していくうちに、「このままの状態を続けると、親孝行なんてできず逆に親不孝者じゃないのか！」その思いが心のなかでうごめきはじめました。

「もう何が何でも最大限やるしかない！」

「次に失敗したら、本当に東大受験を諦める！」

というくらい本気の思いが潜在意識レベルから湧き上がり、次の模試までに死に物狂いで勉強することを決意しました。

まずは普段の勉強の習慣に関しても見直し、私には勉強を高2のときからずっと見守ってくれていた師匠がいたため、その師匠に勉強の相談に本気でのってもらい、自分の東大に向けた残りわずかな時間の追い込み方を徹底的に教えてもらい、そして自分でもどんどんアレンジして、自分なりの勉強法を今まで以上に改善することができました。

その師匠だけではなく、いろいろな勉強法を探るために、**東大合格者の体験談がまとまったものを毎日休憩時間に見ており、参考にできることがあれば、どんどん自分のもののようにして取り組んでいきました。**

そこからは、勉強時間も爆発的に増加し、1日8時間以上は安定してできるようになり、学校の使い方も休日の使い方も、自分の勉強の質を意識したものになり、今までとは大きく変わったという実感がありました。

『勉強法を正しい方向に変えるだけで、自分がとてもよい方向に進んでいる！』と心の底から感じて、とてもワクワクしてきました。

まわりに東大を目指している友だちはほとんどいなかったものの、私の親友は大阪大学を目指しており、彼と休日は毎日10時から22時まで一緒に自習室で勉強をしたり、ご飯を食べたり、また勉強の相談もしたりと、友だちといることで、いつも以上に習慣化と集中力がつき、ストレスのない勉強生活が送れるようになりました。そしてもう1つ、地元の国立大学医学部を目指していた女子と、彼と私の三人でグループ学習をしたことも、苦手教科攻略の1つであり、よい思い出です（今でも三人はよきライバルであり、親友です）。

高3の夏に絶望を感じていたときとは、普段の生活の面でも、そして成績の面でも180度変わり、とても充実したものとなっていくのが感じられました。

そしてなんといっても、高3の秋の模試では、偏差値79・3をとり、真っ先に家族や友だちに見せてはみんなにほめられました。**自分の実力が短期間で爆発的に上がったというのが本当に心の底から実感することができたのです。**

受験の神様はいるのだろうか

高3の12月あたりからは、センター試験に向けた勉強をして、センター試験が終わってから1カ月間は、二次試験に向けた過去問対策や、大手予備校が出版している東大実践問題集に取り組んでいました。無事体調も崩すことなく、入試2日前となりました。
東大受験の日は2月25日、26日の2日間と他の大学よりも1日長いスケジュールです。私は東大受験の前々日に実家の香川から東京に母と一緒に移動し、夏に予約していたホテルに着き、そこで少し勉強をしたり、東大の本郷キャンパスの会場を下見したりして、環境に慣れていきました。『ドラゴン桜』で読んだとおりの駅や街並み、何より「桜木神社」を見つけたときの驚きと喜びは今でも忘れません。

ただそんななか1つ最悪な出来事が起こったのです。

私は喘息（ぜんそく）持ちなのですが、東京の人ごみに慣れていなかったのか、受験前日に、喉に痛みや不快さを感じ、風邪をひいてしまいました。ですが私の母は、体調不良に真っ先に気づいてくれて、私が休んでいるときに薬を買ってきて、**献身的にサポートしてくれました。**最初は自分一人で行くつもりでしたが、家族がついてきてくれたおかげで、自分ではどうしようもできない不安が極端に少なくなり、前日も落ち着いて過ごすことができたので本当にいろいろな場面で感謝したいことばかりです。

受験本番では、朝早く起き東大本郷キャンパスに早めに向かったものの、長蛇の列ができており、いろいろな人からクリアファイルやカイロ、ティッシュ、キットカットなどをもらって、ある意味有名人のような感覚でした。会場は前日に下見をしていたので迷わず向かうことができました。ちょうど会場に行くときに東大の象徴でもある「安田講堂」の正面を通ったので、「絶対に合格してみせる！」と心のなかで宣言しました。そのためか、緊張感が軽減し、逆にチャレンジングな気持ちになり、とてもワクワクしてきました。

実際の東大入試本番では、今までに感じたことのないような独特の雰囲気はあったものの、今までのやってきたことを見直して、自信を持って挑むことができました。

受験が終わったあと、さまざまな予備校が東大入試合格速報を配っており、帰ってから自己採点をしてみると、得意の数学で（1）から計算ミスをしていることに気づいたり、英語の要約で各要素が半分くらい抜けていたり、記号問題がほぼ壊滅していたりして、これは落ちたかもしれないと本気で思いました。

自分は後期試験も控えていたのですが、**前期試験がもしかしたら失敗したかもしれない**という不安ばかりが募り、前期試験が終わったあと、遊んでいる友だちもいるなか、受験が終わってから後期試験までは、毎日学校の図書館へ自習をしに行きました。ただ毎朝行く途中に必ず家の近くの神社に通ってお参りしていました。

前期試験が終わったあとでしたが、毎日手水をとって心身を清めてから、軽く会釈をして御縁という意味も込め、5円玉をお賽銭箱に入れて、鈴を鳴らして「二礼二拍手一礼」の作法で拝礼して、『本当にお願いだから受かっていてください！』という気持ちを込めてお参りをしに行っていました。

普通の人からすると、前期試験が終わって結果は変わらないのに、なぜ受かっててほしいとお参りするのかというツッコミがあるかもしれませんが、**私は受験の神様がいると信じていて、そして何より自分の気持ちを落ち着かせるために、日々拝んでいました。**

学校で自習しているときに後期試験の勉強をするにも、どうしてもやる気が起きず、なぜか『もし落ちていたらどうしよう』と不安になり、気づくと無意識に目から大量の涙が頬に伝わって止まらないことだってありました。

自分は家族に経済的負担をかけたくなかったので、滑り止めなどの理由で私立は受験せず、東大一本で勝負していたため、もし東大に落ちたら自動的に浪人となり、お金の面でも時間の面でも親に申し訳なくなると思う気持ちもありました。

人生で初めて見た親の涙

いよいよ合格発表の3月10日になりました。

私の年は東大本郷キャンパスでの例年の合格発表の場所が工事のため、合格発表はネットのみでおこなわれました。3月10日の正午に合格発表だったのですが、12時になるまで本当に時間が経つのが遅くずっと不安だったため、母と朝早くから正午まで海辺を散歩して、いろいろな話をして落ち着くことができました。

そしていよいよ12時になり、パソコンを開きました。お気に入り登録はしていたものの、ページが込み合ってすぐには見られませんでしたが、数分すると合格発表のページに飛ぶことができ、自分の受験番号である「A50220」をゆっくりと探していきました。

1つ1つ探すというよりは全体を一気に見て、自分の番号を発見しました。**その瞬間一気に自分の肩の荷がおりると同時に、『よっしゃー‼』と心の底から叫び、これで親孝行できるという思いが込み上がり、人生初といっていいほどうれし泣きしました。**

それを聞いた母は「本当によかったね」といって、私なんかよりも何十倍も泣いて喜んでくれました。

普段は気づかなかったのですが、陰ながら見守ってくれた、そして支えてくれた家族が、私の合格を信じて、そして合格を心の底から喜んでくれる姿に、心をうたれました。

東大合格したあとは、すぐ私の父や祖父母に電話で連絡をしたり、学校や塾の先生や友だちに真っ先に報告しにいき、すべての私に関わってくれた人がおめでとうと合格を祝ってくれました。

「受験」というまだ大人にもなっていない未熟な高校生に与えられた最大の試練、ただそれは乗り越えると本当に自分の成長にもつながり、そして家族を含むまわりの人を喜ばせてあげられる最高の舞台だということをつくづく実感しました。

人生で初めて見た親の涙は今でも鮮明に覚えています。

絶対に後輩を合格させてやる

東大に合格したあと、1つ大学に入ってから絶対にやりたいことを決めていました。

それは受験勉強を経て東大に現役合格した自分の経験も踏まえて、かつての自分のように成績に伸び悩んでいる高校生を一人でも多く救いたい、そのために大学生になったら、塾講師や家庭教師などをやって、必ず後輩を合格させたいということです。

お金を稼ぎたいというよりは、どちらかというと教える経験を積みたいという欲求が強かったので、結果的には大学1年生のときに、集団指導の塾講師と、個別指導の塾講師、そして東大生限定の大学入試の過去問添削なども務めて、週4でバイトをすることもありました。

そのとき気づいたのは、**都会と地方の受験の意識の差が歴然としてあるのではないか**ということです。都会だと大手予備校がまわりにあることや、超進学校と呼ばれる高校がたくさんあること、また東大を目指す子は中学受験あたりから、みっちり勉強している子がとても多いこと、などさまざまな理由を鑑みると、残念ながら地方は都会に比べるとぬるま湯につかっているといっても過言ではないのが現実です。

私は高校生のときからそのことを感じていたため、「地方だから東大なんて無理だろう」と最初から諦めかけている子が比較的多い地方出身者に希望を与えたいという気持ちもあり、いずれは**「地方と都会の教育の格差をなくしたい」という強い思いが私の教える活動の根源でした。**

週4でバイトばかりに力を注いで、ほかのことは怠ったというわけではまったくありません。東大生でも、東大に入ってからバイトや遊びに熱中しすぎて、軸足である学業を怠ってしまう人もなかにはいるのですが（笑）。

ただ実際、この本を手に取っている人のほとんどが、大学生活がどういうものかよくわかっていないと思います。

では東大生に限らず、一般に大学生はどのような生活をおこなっているのでしょうか？

大学生の四種の神器

突然ですが、『大学生の四種の神器』って知っていますか？

三種の神器といわれると、戦後だと小学校の社会の授業で習う、「白黒テレビ」「冷蔵庫」「洗濯機」という印象が強いと思います。そのような「物」ではないですが、大学生をイメージする4つのことを早速ですが、ちょっと考えてみてください。

もちろん勉強は怠けてはいけないけど、サークルやアルバイトもやっているよな……。あとは大学生といわれれば、彼氏や彼女をつくってワイワイしているイメージもあるな。

なんて考えている人が多いと思いますが、実は大正解なんです。

これは私が東大に入るときの、なにかの冊子に掲載されていたことなのですが、大学生になるとおもにできることが4つあるといわれている、その内容は「**勉強、サークル、バイト、恋愛**」の4つで、私は四種の神器と呼んでいます。

その冊子に書いてあった一番度肝を抜かれた驚くべき事項としては、**ほとんどの大学生が実際そのうち2つしか選べない**ということです。

実際、まわりの東大生を見ても、たとえばサークルに入っていない人は、アルバイトをして、空いている時間に勉強をして「勉強とアルバイトの両立」、またサークルに入っている人は、ときどきアルバイトをしている人もいますが、なかなか時間がなくて思うように勉強できないという人だっています。

恋愛に関しては、普遍的なことはいえませんが、もちろんお付き合いをすれば、その分時間という面でほかのことに割ける時間が少なくなってしまうということで両立の難しさがあるのだと思います。

最初東大に入ってそれを見たときは、「どれとどれをやろうかな……」なんて考えていたのですが、東大入ってみて数カ月が経ってから気づいたのですが、自分の時間管理能力、つまりタイムマネジメントしだいで、2つしか選べないのではなく、全部選ぶことも可能ではないかという考えにいたりました。自分の隙間時間を見つけて、自由にやりたいことをやりたいだけやるのが、真の大学生活を送るうえで一番大事であり、それを目標に大学生活を送ることを決意しました。

教えることが大好きで……

先ほども述べたとおり、私は勉強を教える経験を積みたいという欲求が強かったので、結果的には大学1年生のときに、集団指導の塾講師と、個別指導の塾講師、そして東大生限定の大学入試の過去問添削を務めるほど、教えることが心の底から大好きでした。もちろん忙しかったですが、その分、いやそれ以上にやりがいと得られるものは大きく、自分の成長につなげることができました。

私は水曜日と土曜日はサークルで、月、火、木、金はバイトに、すなわち週4でバイトをするという生活をしていました。これは塾講師の仕事で、ほかにも時間があるときには、過去問添削業務もやっており、幅広い学年を教えてきています。

とくにアルバイトで塾講師をやっている人は、教える技術というのはもちろんつくとは思いますが、実際自分の生徒がどれだけ成績を上げているのかは、普通はわかりません。**しかし私は自信を持って、生徒の成績を上げることができ、塾長はもちろんいろんな方からおほめの言葉をいただいて、さらなる期待を抱かれた経験があるのです。**

都内の某進学塾で、集団指導で教えていたのですが、私は夏期講習で中1の一番上のクラスの数学を担当していました。7月の後半から8月にかけて教えていき、8月の末に学力テストという、その塾のすべてが同じ時期に同じテストを受けるのですが、ブロックごとに校舎別の順位というのが出るのです。私の教えていたのは渋谷区と世田谷区のブロックで、20校舎のなかで私が入った当時の担当クラスは13位という成績でした。

私は自分の受験生時代に確立していた勉強法をもとに必ず担当クラスの生徒をトップ3に入れてやると強い意志をもって、夏期講習をしており、単元の内容はわかりやすく教えるのはもちろんですが、生徒の集中力とやる気を上げることや、何を目標にして、そのためには具体的にどういうふうに勉強していけばよいのかということも伝え、一人一人みっちり教えていきました。

その結果、8月末のテストでは、**自分の教えていた生徒が数学でブロック内においてなんと1位をとることができたのです。**最初は塾長に呼び出されて、トップになっているということを伝えられ、そしてそのあともさまざまな先生からおほめの言葉をいただき、どういうふうに勉強を教えたのかも聞かれました。

実際、私の教えた科目のテストで、そして私の教えた範囲で1位をとったことで、自分の勉強法がより洗練されたとともに、自信を持つことができました。それだけではなく、その結果を受け、9月から中1の数学だけではなく、中1の理科と、中3の一番上のクラスの数学（演習）を担当してはどうかと依頼され、まさか自分が一番責任を要する受験生を教えることになるとは、と思いましたが、迷うことなく引き受けました。

もちろんうまくいくこともありましたが、なかなかうまくいかなかったことも多く、授業中の生徒の態度に注意することもあったり、生徒の成績が一時的に下がってしまったりすることもありました。しかしその分しっかり悩んで、自分のなかで試行錯誤を繰り返して、対策をたてどんどん新しいことにチャレンジして、**勉強法を精密にしていくことはもちろん、教えるという技術も磨いていくことができました。**

実際、受験生に教えるために、毎回予習に数時間かけなければならず大変な面もありましたが、結果自分の教えていた20名程度の生徒から、最難関である開成に1名、慶應に3名ほど、そのほかほぼ全員が自分の志望校に進学でき、自分の夢の1つをかなえることができました。

多くの生徒から感謝されて、勉強を教えることの面白さをより実感することができたのです。

ある一人の片思いのライバル

アルバイトに関しては、週の半分以上を使っていましたが、勉強に関してすばるさんはどうだったの？　という疑問を抱いている方もいるかと思います。この本のなかでは私の勉強について余すところなくお伝えしていくつもりなので、大学に入ったあとの波瀾万丈な生活についても紹介していきましょう。

私は東京大学理科二類（理２）に合格したのですが、東京大学は入学してから大学の成績と定員枠で、行きたい学部を選択して2年生の9月ころから学部の授業が始まるというシステムになっています。それまでは前期教養学部といって、必修科目と自分で興味のある授業を選べる総合科目の２つ（合計76単位）の平均点が学部選択（進学振り分け）に使われるのです。

私が理２に進学してからは、認知症、とくにアルツハイマー病の研究と創薬をしたいという夢があったので、薬学部を目指していました。実際、認知症のほとんどにおいて、その原因を直接解決する治療薬は存在していないこと、また少子高齢化社会になっていくうえで、認知症患者が日本のみならず世界中で急増していることなどを小さいころから聞いていたからです。やはり日本だけではなく世界の人々を助ける仕事につきたかったというのもあったため、医歯薬の学部に行きたいと小さいころから思っていたのです。

実際、薬学部は進学振り分けに必要な点数が80点を超えなければならず、東大全体のなかで上位３割には必ず入っていなければ難しいというレベルでした。

そのため、まわりよりは勉強しなければという思いがありましたので、サークルやバイトで忙しいながらも、自分の勉強もコツコツやっていました。

そんなモチベーションが続いたのは私の同じクラスにいたある一人のライバルのおかげだったのです。

彼は、理科三類（理3）にわずか0・1点で落ちて、後期試験で理2に入学した子で、東大に入った当初から「理2から医学部に進学したい」と東大のなかでももっとも過酷といっていいほど難しい進路を目指していました。ただどれくらい難しいかはいまいち東大のなかの人ではないとわからないということもありますので、説明していきたいと思います。

『医進』VS『理3』

東大医学部というと、日本一難しいといわれている理3の人しか進学できないと思っている人も多いと思います。ただ実は理3だけでなく、理2も指定科類枠というものがあり、上位10人だけが東大医学部に進学できるのです。

とくにこの理2から医学部、通称「医進」と呼ばれていますが、この進路は、東大のなかでトップ10に入らないと進めず、ほぼすべての科目で90点以上とらなければいけないという過酷なもので、いろいろな要素を鑑みたうえで、**あの大学受験で群を抜いて難しいとされている理3に入るよりも難しいといわれているのです。**

進学振り分けでごく一部の超秀才が医進できるという噂は聞いていましたが、まさか自分のクラスで医進を目指す人がいるとは思っていませんでした。

90点というのは、76単位分の平均点が90点以上ということなので、逆にいうと1つでも単位を落としたり、単位をとれてもあまり成績がよくなかったりした場合は、平均点が極端に下がってしまうことになるのです。実際過去に医進を目指していた人で、サークルもバイトもせずに勉強だけひたすらやっても、医進できなかったという人も多くいるということを聞いていたので、実力だけではなく、普段の生活の自己管理能力や、運も必要となっているという前代未聞の過酷な競争としか考えられず、はなから無理だろうと考えていました。

でもどうせなら、**医進を目指している彼についていきたい、彼を追い越してやりたい**という思いが大きくなってきました。というのも薬学部に行くにしても、平均点がだいたい80点を超えていればどの点数でも行けるので、高い点数をとっていたほうが、学部選びのときに幅が広がるということもあったからです。

私はサークルもアルバイトも恋愛もさまざまなことに取り組みつつ、軸足を学業においている生活をしたかったため、ほかの医進を目指している人とはハンデのようなものがあったものの、それを言い訳にしたくなかったので、**しっかりスケジュール管理をおこなって隙間時間を有効に使い、効率のよい勉強をしていました。**

気づいた方も多くいると思いますが、私の高校時代の「集団テロ事件」の状況に似ていませんか？　というのも、自分が高校生のころ、まわりが部活をやめていくなか、やめずに最後まで続けて、それで東大に合格できたという成功体験が自分のなかにあったため、それが自信とやる気につながり、**「絶対両立して成功できる」**という強い覚悟のもと、勉強に励んでいたのです。

またそれに加えてもう1つさらなるきっかけがありました。それは私の入ったサークル（100人規模の合唱サークル）で、3つ上の先輩に、医進した先輩がいたのです。「これは運命かもしれない！」と思い、先輩が練習にいらしたときには、毎回練習が終わったあと、医進したエピソードや具体的な勉強法を必死に聞いて参考にしていました。

ライバルが最高の恩師に変わった

実際それからは、1年生の夏、冬、2年生の夏のタイミングで成績が出るのですが、私のライバルの彼は比較的寡黙なほうで、自分の点数を口外せず正直勝っているのか負けているのかわかりませんでした。しかし彼をライバルにしていたこと、そしてサークルの先輩の勉強法を聞いていたこともあり、自分ももしかしたら医学部に行けるかもしれないというレベルになってきました。

だいたい平均点が90点以上なければなりませんでしたが、1年の時点で、86点をとっていました。

「すばるさん、あと4点だから余裕で行けますね！」と思うかもしれませんが、2年生の取得単位数は、1年生の科目数に比べると圧倒的に少ないので、当時の計算によると、2年のときに、他の科目で平均96点以上をとらないと90点を越えないという計算で、本当にありえないくらいの目標設定になり、過酷な状況でした。しかし、ここまで頑張ってきたからには医進したいという気持ちになり、諦めることなく2年時は授業数が少ない分、空きコマには必ず自習時間を設けて予習や復習をしていました。それだけではなく図書館に行って使える参考書を数時間かけて選んで借りて勉強したこともありました。

もちろんサークルやアルバイト、恋愛もしながらでしたが、逆に自分をいい意味で追い込んでくれるものとなったので、モチベーションと集中力は極限状態に増して勉強することができました。

それでもテストではミスがあったり、すべてが自分の思いどおりにできたというわけではありませんでした。2年時の8月11日10時の運命の成績発表は、東大の合格発表のときより緊張しました。

その日はサークルの夏合宿で軽井沢に練習に来ており、サークルでは次期テノールのパートリーダーとして練習をつけることもあったり、合宿委員長としての全体の統括もしなければならなかったりと、とても大変でした。8月11日がちょうど最終日だったので、最後の片付けもあり、ようやく11時過ぎくらいにスマートフォンで落ち着いて確認できたのです。**なんとそこに出ている成績は「90・77」でした。**

最初、「?」マークが頭のなかに広がり、自分はよくても89点くらいかなと思っていたのですが、予想以上に点数をとれており、医進がほぼ確実になったのです。

その2週間後に、学部振り分けの報告が来て、トップ10に入り、**無事、東京大学医学部医学科に進学することができました。**

ちょうどその学部振り分けの報告は、地元に帰省していたときだったので、両親と一緒に見るという、東大合格の発表のときとほとんど同じような状況でした。また家族4人全員そろっていたので、みんなで食事に行ってお祝いしてもらいました。

もちろん東大合格したときのように、いろいろな人に連絡をしましたが、東大合格したときはおめでとう！　という言葉が多かったのですが、**さすがに東大医学部となると、驚きの反応のほうが大きかったです**。

というのも香川県の同世代では私一人で、また浪人や留年せずストレートで東大医学部に入ったのは、30年ぶりらしいということを高校の先生からも聞いて、自分も驚いてしまいました（笑）。

東大医学部に入ってみて

この章の最初にも述べましたが、東大医学部というのは、入った当初は、本当に宇宙人の集まりだろうと思っていました。

正直まさか自分が東大医学部に行けるなんて思ってもいませんでしたし、まだ現実を受け入れられない状態で進学ガイダンスを受けました。

一番面白かったのは、ライバルであった同じクラスの彼には、医学部に行ったことを伝えておらず、進学ガイダンスで会って、かなり驚かれたことです。

彼はあまり自分の点数をいわないタイプでしたが、「何点だったの？」という話になり、互いにどの科目で何点取って、結果どれくらいの点数だったという具体的なこともお互い気さくに話しました。

進学ガイダンスのあと、東大医学部生だけが入れる鉄門サークルの紹介があったり、同じ学科の人同士で交流を深めあったりする機会があり、そのなかでも、医進したメンバーで集まって、自己紹介をして集合写真をとりました。そのあと、医学部医学科１１０人の仲間と専門的な医学の講義を受けたり、またそれだけではなく、医進会といって、少人数の医進したメンバーだけで飲み会を開いたり、友だちの家で遊んだりして、新たな仲間たちとの楽しく刺激のある生活が始まりました。

東大医学部生としての生活は、今まで経験したことのない「新世界」に足を踏み入れるような感覚でした。やはり東大医学部となると有名進学校出身者ばかりで、自分の知り合いはほとんどいませんでしたが、**みんな本当に面白く個性的な人ばかりで、最高の環境なんです。**

勉強面では、2年生の夏までと比べると、内容自体も深く、そしてなんといっても量が膨大にあるので、日々の予習復習には相当時間はかかりましたが、それも習慣化していくと、それほど苦ではなく、勉強以外のことにも没頭できる時間をつくることができています。
また何といっても、東大医学部には試験対策制度というものがあり、医学部約110人のメンバーで科目ごと、単元ごとに分担して、試験対策プリントをつくったり、過去問の解答を作製したりして、メンバー全員で協力して困難を乗り越えていくというスタイルなのです。そのため、いろいろな人のまとめ方や覚え方などの勉強法も探ることができて、**基準値と経験値が自然と爆発的に上がっていきますので、とても楽しんで勉強できています。**

また東大に入ったころは、理3の人たちは、まわりの東大生たちのなかでもとくに優秀なので、尊敬のまなざしで見られることが多いのですが、逆に医進をしたメンバーは、医学部に入ったら、理3に入るより医進のほうが難しいといわれているせいか、ほかの理3の人たちに一目置かれることもあり、ある意味貴重な体験をすることができました。

これは余談ですが、私が大学2年生の冬、香川に帰省していたときに、年末年始のイベントや成人式などいろいろなことがあったのですが、そのなかでもとくに印象的だったのが、中学時代の同窓会でした。

中学のころは前に書いたとおり、まわりと比べても全然成績がよくなく、学校の生活でもどちらかというといじられることが多かったのですが、現在では東大医学部ということで、同窓会では友だちだけではなく先生にも驚かれて、本当に何があったんだといわんばかりに、質問責めにあったりしました。

もちろん学歴だけがすべてだとはまったく思っていませんが、ただ受験勉強というすべての受験生が平等なステージのなかで、東大医学部という最難関に進んだことにより、大学受験1つで人生が180度変わるといってもいいくらいの経験ができています。

東大医学部の試験で1位をとった瞬間

『地方出身→東大理2→東大医学部』と自分のステージを駆け上がっていっていますが、私自身、**「いかなる環境下でも、ただみんなについていくのではなく、逆に人よりも抜きんでて一番を目指しにいく」**という基準で今までやり抜いてきました。

正直自分を本気で変えたいと思ったら、意識ももちろん大切ですが、なにか小さなことでもよいので成功体験をつくりだすことが、最高の近道でもあります。

もちろん日本最難関の東大医学部のなかでも、何か成功体験をつくることができればなと思っていました。

普段の定期試験では得点や順位は出ないため、具体的な順位はわからないのですが、実は3年の夏に受けた解剖学の小テストで、**なんとまさかの1位をとるという成功体験をつくることができたのです！**

具体的な話をすると、解剖学では、筋肉や骨、血管、神経、臓器などの位置や名前を日本語はもちろんのこと、それに加えて英語またはラテン語でも覚えなければなりません。

そのテストは人体の断面図をみて、それぞれの位置と名前を日本語と英語で書くもので、大変量も多く、暗記能力も十分に問われることに加えて、スペルミスも減点されるので細心の注意と集中力が必要とされるものでした。

実際テストは110人全員で、ものすごく広い医学部本館の大講堂というところでおこなわれたのですが、面白いことに早く終わった人から前に持っていき、採点をして教授に伝えるという特殊な形式でした。

テストの量が膨大であったため、本当に右手が疲れるほどだったのですが、実際解いているときに、これで速く正確に解けたら、東大医学部のなかで一番をとれるかもしれない！と思い、普段にもまして集中力を高め、医学部110人が試験をするなか、なんと一番速く前に持っていくことができました。しかも難しいテストではありましたが、ミスもなく満点をとることができました。

ほかの人からすると、小テストごときで喜んじゃダメでしょと思われるかもしれませんが、まずは環境を変えたうえで、小さなことでもよいので成功体験をつくる。それにより、自分の自信と基準値向上、成功の連続につながりやすくなるのです。

これは大学受験勉強はもちろん、スポーツでも恋愛でもビジネスでもどのようなことにでも成功者の本質はまったく同じということに気づいていましたか？

ほとんどの成功者が、ある環境下での小さな成功体験の積み重ねで、「できる」という確信と自信につながり、それらが大きな成功をもたらしているのです。

受験勉強においても、テストを目標とした事前準備に全力を注ぐことが成長させてくれるということだけは必ず覚えて自分の核としてください。

ほとんどの人が実は知らない『新時代』の過去問勉強術

過去問といえば、まっさきに思いつくのが、「赤本」ですよね。

本屋さんの受験参考書コーナーの象徴といってもよいくらい、あの赤い表紙がとても印象的な問題集です。

ただ実は「過去問の勉強は赤本だけで頑張ります！」と思っている人は、せっかくの新時代のメリットを受けとれていないといってもよいでしょう。

赤本といえば、教学社が出版しているもので過去に出題された大学の入試問題を数年分まとめて、その解答解説も載せた、昔から知られている過去問題集です。

一世代前の受験生（自分のお父さんやお母さんの世代）の方は、過去問といえば「赤本」がほぼ全体を占めていたため、赤本の人気がとても高く、親や先輩がたから古いものをもらったり、先輩が寄贈した赤本を学校が配ったりして、受け継がれているというものあると思います。

でも、実は一流大学合格者は、赤本をあまり使っていないということはご存知でしたか？

「えっ？　どういうこと？」

もちろんすべての人が赤本を持っていない、あるいは使っていないというわけではありません（実際私も赤本を持っていました）。

ですがここで私がいいたいのは「この新時代にもっと効率的な過去問勉強術というのがあるんだよ」ということなんです。

よく聞く悩みとしては、

✖高いお金を出していざ赤本を買ったけど、問題を解くときに分厚すぎて解きにくい

✖そもそも重いので持ち運びしづらい

✖じゃあ印刷して問題を解こうとしても、印刷がきれいにできず萎えてしまう……

✖問題を解き終わって解答解説を見ても、実際どうやって丸付けをしてよいのかわからない

✖解答解説が比較的あっさりしているので、読んでもわからないところがある……

私も経験済みですが、やはりほとんどの人が経験したことのある悩みではないでしょう

か。

でも、これらの悩みをほぼすべて解決できる新時代の過去問勉強術があるのです！　それは、**「過去問データベース」と「青本」を使え！**　ということです。

過去問データベースって何？　という人も多いとは思いますが、これこそまさに昔の時代にはなかったまったく新しいものなのです。

過去問データベースというのは、東進ハイスクールが作っているもので、簡単にいうと1995年～2016年の最大22年分のおもな国公立大学や、難関私立大学など、計185大学の過去問がなんと「無料」で手に入るというものなのです。

登録すればだれでも「無料で」受け取ることができ、データとしてダウンロードもできるため、赤本を高いお金を出して買ってわざわざコピーするよりも、気軽にそしてきれいに印刷することもできるのです（もちろん文系理系問わずすべての科目があります）。

またほかにもメリットはたくさんあるのですが、たとえば「他の大学の入試問題にも気軽にチャレンジできる」ということもできます。

理系だと、東大を受験する人で「数学は、過去問はすべてやったので、京都大学や、東京工業大学など他の大学入試の数学の問題を解いてみたい！」と思っている人も非常に気軽に取り組むことができるのです。

ただ1つデメリットとしては、講評や解答解説もあるのですが、すべての問題についているわけではなく、また比較的あっさりしているので、問題を入手するのには一番効率がよいのですが、それだけでは勉強しづらいというのもあります。

でも、解答解説の悩みは赤本にもあって、赤本の解答解説はあまりていねいではないという声もあがっているのですが、じゃあどうしようもないか？　というとそうではありません。

解答解説に関しては、「青本」という駿台予備校が出版している、大学入試過去問題集を使うことをおすすめします。

これはネットではなく、本なのですが、どの過去問問題集よりも「解答解説が非常にていねい」というのが一番の特徴です。駿台予備校の講師陣がわかりやすく解説してくれているため、1問の問題から得られるものが非常に大きいと思います。

青本のデメリットとしては、収録年数が少ないことがあげられます。

だいたい国立大学だと5年分、少ないところは2、3年分のみの収録になっています。

ですが、この問題に関しては、学校を利用するというのが一番の解決策だと思っています。私の高校では、進路指導室があり、そこに学校で買った新しい青本や、先輩がたが寄贈してくれた古い年度の青本などが並んでいました。

1つの本の収録年数は少ないものの、先輩がたが寄贈してくださった青本をあわせると、十年分くらいは手に入ると思います。

また採点するときも、もし過去問に関して採点しづらいことがあれば、

「学校の先生に添削を積極的にお願いする」

ということがベストです。

私の高校でもとてもやさしい先生がたが多く、とくに英語や国語などは、学校の先生にお願いして添削してもらい、赤本や青本を見たのでは得られないようなポイントも教わることができました。

それこそ「うまく学校を活用したものが受験を制す」というように思っています。

ですので自分で赤本や青本を買うことなく、過去問データベースで問題をダウンロードし、そして解答解説は学校にある先輩がた寄贈のものをお借りして勉強する、そしてわからないことがあれば、積極的に先生に添削していただくという勉強法はどうでしょう？

赤本を自分で買って勉強したときに出てきたさまざまな悩みが、ほぼすべて解決できる

と思います。ただ「もう赤本を買ってしまったよ……」という人でも安心してください。

赤本を買うことで、問題を解くだけではなく、その志望校の立地や合格者の声、また具体的な問題の傾向や対策なども載っているので、参考になります。またなんといっても赤本があれば、自然とモチベーションにつながるというメリットもありますよね。

すべての人が新時代の過去問勉強法を必ずやらなければならない、ということではありませんが、ぜひ今お伝えしたことを踏まえて、自分に足りていないことがあれば、スピード感をもって吸収して即実行に移してください。

まずは過去問データベースの会員登録をして、どのようなものか自分の目で見てみることをおすすめします！

第2章
受験勉強に取り組むうえで守るべき大前提

第1章では東大受験まで、そして東大に入ってから医学部に進学し、現在の医学部生としての涙なし（笑）には語れない衝撃のストーリーをお伝えしました。

いよいよ第2章からは、受験勉強への具体的な勉強法についてお伝えしますが、とくに第2章に関しては、**勉強に取り組んでいくうえでこれだけは必ず守ってほしいという大前提**について書いていきます。

現在数多くの高校生に勉強法を教えていくなかで、たくさんの質問を受けるのですが、私の勉強法をお伝えする前にアンケートとして「現状悩んでいることは何ですか？」という質問をしたときに、

「勉強をしなさいとよくいわれすぎて、逆に自分のなかで勉強する意義がわからなくなってきた」

という悩みが意外にも、多かったのです。

実際に考えてみると、勉強する意義なんてものは、普段学校や塾ではあまりいわれないので、重要ではないと思われがちです。

ですが数多くの東大合格者の話を聞いていても、やはり無意識ではありますが、ほとんどの人が**勉強することへの意義、自分の信念というものを潜在的に持っているのです**。この有無によって、勉強への集中力、モチベーション、そして成績の伸び具合も大きく変わってきます。受験勉強をするうえでの大前提をいよいよ公にしていきます。

この大前提はいろいろな視点から、勉強への意義をお伝えしていますので、この第2章を読んだあと、ここに書かれているＭｉｓｓｉｏｎ（ミッション）を実践すれば、自分のなかに必ず受験勉強への核となる部分が形作られて、志望校に向けた明確な目標設定ができるので、本気でついてきてくださいね。

「東大は簡単」って本当？

東京大学と聞くと、日本最難関大学というイメージが先行するため、東大入試についてあまり知らない人からすると、「東大は地頭がいい人しか入れない」という勝手な思い込みをされがちです。

たとえば、東大合格のためには、

✓「中学生の段階から高校で習う内容を終わらせなければならない」
✓「都会の中高一貫校に通わなければならないんじゃないか」
✓「地方出身だと現役で東大に行くのは極端に難しいでしょう」
✓「大手予備校に通っている人だけが東大に合格している」
✓「まわりに東大合格者がいない環境だと、東大なんて目指せない」
✓「東大模試でA、B判定をとらなければならない」

などの意見がありますが、1つでも納得してしまったものがあった場合は、これからの話を真剣に聞いてください。

東大合格者は毎年「約3200人」です。そのうち進学校と呼ばれるエリート校から入学するのが、平均して700人弱と考えれば、残るのは「2500人強」。つまり、有名進学校でなくても、8割程度の「枠」が残されています。

実際、東大に入っても、有名進学校の人ばかりではなく、地方の公立高校出身者の割合は予想以上に多い印象があります。また昔は地方からわざわざ都会の大手予備校に通っているという人もいましたが、最近ではインターネットで、東進衛星予備校のように、有名な講師の授業を地方にいても受講できるというようになっています。

ほかにも夏の東大模試でE判定だったが、逆転合格したという人もいます（その反面、A・B判定をとって浮かれ、残念ながら入試本番では落ちてしまうという人もいます）。

もちろんごく一部の人は、数学オリンピックで優勝したという人や、中学のときに高校数学を終わらせていた、高校2年のときに東大模試でA判定をとったなんていうずば抜けた人はいます。ただ安心してください。

もう一度いいますが、そんな人はごく一部なんです。

そういった人は東大に入ったあとで、刺激を与えてくれるよいライバルとなってくれるので、東大に入ってからぜひ仲よくなってみましょう（笑）。

正直どこの高校であれ、今の成績がどうであれ、生まれ持った才能なんてまったく必要ありません。

実際、私はもちろんのこと、友だちに聞いても、「自分には才能があったから東大に合格できた」なんていっている人は一人もいません。

ただ東大には勉強しなくても、遊んでいても受かるということではありません。また努力すれば必ず合格できるということも、完全に間違っているとはいえませんが、不正確だと思っています。

では東大合格するには、どうすればよいか。それは**「正しい勉強法で、十分な量の勉強を成しとげたらだれでも東大合格は可能である」**ということです。

けっして適当に気休めをいっているのではありません。だましてその気にさせようとしているのでもありません。

「でも、東大なんて自分は絶対無理だ」

もしかしてそう決めつけていませんか?

私が断言します。絶対にそのようなことはありません。

東大生が声をそろえていっているあるフレーズがあります。

それは**「勉強の仕方さえ間違えなければ、東大は難しくない」**ということです。

今この本を読んでいるあなたもこれから紹介していく、私が受験時代に試行錯誤のうえ築き上げてきた、そして大学に入ったあともどんどん改良されてきた「だれでも継続可能な驚異の勉強法」を正しく活用することによって、大きく変わることができるでしょう。

人間の成長を妨げる2つの悪魔の言葉というのを知っていますか?

それは**「知ってる」「聞いたことがある」**という言葉です。

普段からよく使っている人は要注意、無意識のうちに自分の成長が止まってしまうのです。

どういうことでしょうか？

実は脳科学的にも証明されていることですが、人間の脳には「知りたい」という本能がありますす。小さい子供を想像してもらえばわかると思いますが、よく大人にいろいろな質問を投げかけてきますよね。この本能のおかげで、人間は新しいことを学んだり、好奇心を育てたりすることにつながっています。

この好奇心をシャットダウンしてしまい、自分が吸収する機会をなくしてしまうのが、2つの悪魔の言葉なのです。この言葉を使うことにより、人間の脳は「もうこれ以上学ばなくてよい」と感じとってしまうため、好奇心が原動力となって、新しいことを学ぶ機能に、ストップをかけてしまいます。

そうなると自分の思考力の低下につながり、やる気がでないということにもつながりやすいのです。

たとえば学校や予備校の授業を想像してもらいたいのですが、仮に以前に実際に聞いたことがあることでも、

「まだ自分が気づかない視点があったかも」

「まだ自分が吸収していないことがあるかも」

と探ろうとすることで、人間の脳は活性化するのです。

私はメールマガジンやツイッターなどで勉強法を教えている一方、電話相談ということで受験生と1時間ほどの電話をしています。そのたったの1時間のなかでも、話をしている最中にこの言葉を頻繁に使っているか否かという点だけで、相手のこれからの成績の伸び具合がわかってきます。

意外にも自分では意識していないうちに、口癖になってしまっている人もいるのですが、実のところ意識を変えるだけでも、大きく変わることができます。

この本のなかに、実践したことのない新しい勉強法はもちろん出てくるでしょうが、その反面もしかしたら聞いたことがあるという方法も紹介されているかもしれません。聞いたことがあるものでも、そこからどんどん吸収してやろうという探究心と好奇心をもって読んでいってくださいね。

勉強は時給○万円!?

東大以外のほとんどの大学が、大学受験する際に学部と学科を決めなければなりません。

もちろん幼いころから将来の夢が明確に決まっている人や、また自分の志望校に入ってやりたいことがあるという人は、学部や学科選びに困ることなく、勉強する意義が見いだせているといえるでしょう。

ですが、実際高校生の時点でそのようなことが明確に決まっているという人の割合は1割にも満たないと思っています。

多くの人は、「大学に入れるならば、どこの大学でもよい」という人や、「勉強してもしなくても就職すれば一緒だろう」と思っているのが現状です。

このように思っている人の多くは、「将来生活を安定させるためには、お金が必要。お金を得るためには早く就職すること」という方程式が、自然と脳のなかに染みついているのです。

では、そのような人のために、**勉強の意義を「お金」という観点も含めて、将来勉強すればどういうメリットがあるのか踏まえて解説していきます。**

まずわかりやすい例としてアルバイトを考えてみてください。アルバイトの方は基本的には「時給」や（もしくは「月給」）という形でお給料をいただいています。

東京都でしたら、2016年現在は最低時給は907円となっていることもあり、飲食店やコンビニなど多くのアルバイトは時給1000円、塾講師や家庭教師は時給2000

円というのが一般的です。では突然ですが、ここで質問します。

「高校生の勉強を時給換算にするといくらだと思いますか?」

これは私が高校生のころ、友だちから教えてもらい、ある種の驚きを与えてくれた事実なのですが、将来のビジョンが明確ではないと思っている高校生にとっては、ぜひ頭に入れてほしいことでもあります。

時給換算といっても、勉強したらすぐにそのままお金につながることはないので、今回はわかりやすくお伝えするために、就職について考えていきましょう。

たとえば高校卒業の人と、大学卒業した人では、労働政策研究・研修機構「ユースフル労働統計――労働統計加工指標数(2012)」によると、生涯賃金は男性だと、

高卒→1億9040万円
大卒・大学院卒→2億5180万円

という調査報告が出ています。

単純計算でも生涯賃金は6000万円も違うのです。ただ6000万円といっても大きすぎてどのくらい差があるかわからないと思うので、簡単に1年あたりに直すと、計算しやすくするため40年働くとしても、1年あたり150万円も違ってくるということになるのです。

すべての人がこの金額は必ずもらっているというわけではないですが、**簡単な比較でも1年で150万円もの差が生まれると考えると、驚くべきことですよね。**

今回生涯賃金は簡単にするために6000万円違うとして考えますが、勉強を時給換算するうえでは、勉強時間が重要になってきます。

「高校時代、学校や塾の授業以外で、毎日3時間勉強したら、大学に入学できる」としましょう。

もちろんこの仮定は必ずしも正しいというわけではないですが、私の経験からしても、そしてほかの東大生に聞いても、高1のころからこれくらい勉強していれば、大学はB判定以上が出ている人がほとんどですので、仮定としておくのは妥当でしょう。

毎日3時間の勉強は、高校3年間で約3000時間となります。

これを基に時給換算してみると、生涯賃金差6000万円÷3000時間で、なんと「時給2万円」となるのです。

こんな時給のよい仕事なんて、世の中そう転がってなんかいません。アルバイトで時給3000円と聞くだけで高いといわれるレベルなのに、時給2万円はとんでもない激レアバイトですよね（もしかしたらアルバイトでは存在しないのかもしれません）。

今回は高卒、大卒で比べましたが、実際大学のなかでも東大・京大のような最難関大学と他の大学を比べても、大手の企業への就職率を見ても、確固たる差があることはご存知でしたか？

学歴社会はなくなっているといっている人もいますが、私の知っている先輩を見ていても、東大だと大企業から就職のオファーがくることもあるみたいです。

逆にあまり名前が知られていないような大学だと、大企業の就職試験すらも受けられないこともあるという本当にあった怖い話も聞きました。

実際高校生で、勉強なんかせずに早く就職してお金を得たいと思っている人も多いですが、このように**人生レベルで考えてみると、大学に入るだけでこれだけ差が出てきて、そして最難関大学に入ればもっと差が生まれてしまいます。**

「お金を多くもらうことだけが人生満足とは限らないのでは？」「有名大学に入らなくてもやりたいことがあるので、就職しなくても満足しています」
勉強をお金に結びつけるという過激なことをいっている分、このような意見が出てくるのは重々承知しています。

本当にいいたいことは心の底から痛いほどわかります。

もちろん全員が必ずこのような給料をもらえるかというと、そういうわけではないですし、お金にかかわらずやりたいことが見つかってそれに向かって突き進んでいるほうが、人生設計プランとしても自分の満足度はかなり高いでしょう。

私としても、勉強すること＝お金だけを稼ぐことだとは思っていませんし、実際勉強することはお金にかえられないさまざまな経験が得られるものです。

ただ今回の対象者は、「将来就職するであろうほとんどの高校生」ということです。就職をして、そして愛する人と結婚をし、幸せな家庭を築いて、自分のやりたいことに没頭していくうえで、「お金」というのは当然あったほうが行動の幅は広がって、制限なく快適な生活ができますよね。

きれいごと抜きの現実的な話をすると、社会人になると、というよりも大学卒業前には、ほとんどの人が就活をしているのですが、実際やりたい仕事につくことはほとんどなく、

100社以上受けてたまたま通った企業に就職するという流れがとても多いのです。

就職活動をしているときに、「高校生のときもっと受験勉強して一流大学に入れていたなら」と感じる人が少なくないのです。

そういった意味でも、ほとんどの人が就職という現実に直面することになるという点でも、今回勉強の意義が、お金という観点から見ても実際の調査結果をもとに、数字で具体的にわかったと思います。

これを踏まえると、**1日1日の大切さ、というより1時間、1分というレベルでとんでもない差が出てくるのがおわかりになったと思います。**もちろんこの差は成績の伸び具合にも反映されますので、ぜひ今日から意識を変えて勉強に取り組んでみてください。

もちろん1時間勉強したからって、ご両親におこづかい2万円もらうというのは、なしですよ（笑）。しっかり模試に合わせて勉強をして、結果を出していきましょう。

最大の親孝行をしませんか？

勉強の意義を見出していく次の要因としては「家族」ということがあげられます。

第1章でもお伝えしたとおり、私が勉強の意義を見出したおもな要因の1つとしては、「今まで支えてきてくれた家族に感謝して、東大に入って親孝行したい」ということがありました。

幼いころ入退院を繰り返し、喘息で苦しむ私を誰よりも心配し、気遣ってくれたのは、母でした。高校入学して、将棋を通じて人生で初めてやりがいをみつけた瞬間を作ってくれたのも、父が忙しいにもかかわらず、幼いころから将棋を教えてくれたからでした。

東大受験のときも母がついてきてくれて、見守ってくれたこと。東大合格発表のときも、私より何倍も母が泣いて喜んでくれたこと。思い返してみるとたくさん家族に支えられて生きてきたということが痛いほど感じられます。

ただ実際多くの高校生は、親孝行と聞くと、「恥ずかしい」という思いや、「今は学生だから社会人になって就職してからでいいや」という思いを抱いています。

正直自分の気持ちを伝えるのは簡単そうで、かなり難しいですよね。もちろん感謝しているのにもかかわらず親孝行できずにいるという人も多いです。

母の日や、父の日、そしてお誕生日の際に日ごろの感謝を込めてプレゼントするという小さなことでも十分な親孝行ではありますが、高校生ができる最大の親孝行は「受験勉強で自分の行きたい大学に現役合格する」ことだと考えています。

自分の息子や娘が一流大学に現役合格することを陰ながら望んでいる親は、とても多いと思います。たとえば仮に浪人してしまった場合、一年分同期に遅れをとってしまうという自分のプライドに関わる部分はもちろんのこと、予備校や生活費などを含めると、お金が1年で100万円以上かかってしまう。また時間という面でも、同期が大学生活を謳歌しているなか、1年多く勉強漬けの日々が続いてしまい、不安やストレスもたまってしまいます。

もちろん、現役合格といっても自分の行きたい大学でなければ、大学に入ったあと、やりたいことが見つからず、後悔しながら日々を過ごしてしまい、途中で仮面浪人してもう一度志望校に受験する人もいるくらいですので、浪人してでも志望校に合格するほうが、自分にとっても最適な選択だと思います。

ですが、一番はやはり**お金の面でも時間の面でも、そして精神的な面でも、現役合格して、親を安心させたいですよね。**

東大合格したときに、涙ながらに喜んでくれたことが私のなかでも最高の親孝行だと思っていますが、実はそれだけではありません。

東大に入ったあと、一人暮らしをしていますが、毎月親と近況報告もかねて、電話をしたり、また親が東京に来たときは、雰囲気のよい、美味しいレストランに連れていってあげたり、大学構内を案内してあげたり、そしてほかにも自分がやっているサークルやアルバイト、また勉強面での成果報告を親にするだけでも、大変安心して喜んでくれます。

東大医学部の私の学年では「母の会」というものが開かれているらしく、東大医学部に入っている生徒の母親たちが集まって交流する機会があるみたいです。東大に限らず医学部というと、やはり親が医者という人はとても多いのですが、私の両親ともに医者ではありません。そのため医学部について普段関わりがなかった分、いろいろな話をきけて、私の母はとても刺激を受けたといっていました。

もちろんこれから社会人になって、そして結婚して幸せな家庭を作ってからでも、今よりも幅広くいろいろな親孝行ができると思います。

大学に入ったあとだけではなく、高校生のときにも実は親孝行できるって知っていましたか？　私の家庭は兄も大学生で、同時期に二人の子どもを大学へ行かせるとなると、経済的に厳しかったこともあり、奨学金を必要としていました。当時の担任の先生から、高校3年生のころに香川県で5人だけ、大学4年間毎月5万円ほど給付という形でいただける、つまり返さなくてもよい奨学金があると聞いて、それに応募しました。

体力測定や、小論文、面接などありましたが、その奨学金は家庭の事情はもちろん、プラスで学力も重視するということもあり、受験勉強を頑張って、東大に合格したこともあって、無事その５人のなかに入ることができました。

もう１つ返さなければならない奨学金に申し込んでいたため、２つの奨学金のおかげで、大学に入ってから生活費はそれでやりくりできています。仕送りは基本的にはなくても大丈夫ということで、家計的な面でも家族を安心させることができているのです。

受験勉強で大学に合格すると、その成果を喜んでくれるだけでなく、それに付随していろいろな機会が与えられるため、本当に人生が１８０度変わるといっていいでしょう。

「すばるさんのご両親はとても親切だけど、私のところの親は何もわかってくれない！」

「こんな親孝行できるのはすばるさんだけじゃないの？」

と思っている方もいると思います。

もちろんいきなり親孝行するために勉強しよう！　といっても素直に行動できないという人もいると思いますので、ぜひ次のＭｉｓｓｉｏｎをやってみてください。

Mission 1

あなたのためにご両親が今までしてくれたことを30個、箇条書きで紙に書いてください。そしてあなたが志望校に合格したあと、ご両親にしてあげたいことを30個書いてください。

普段からこのようなことを考えている人はほとんどいないでしょう。

ですがこのMissionをおこなうことが、書く行為そのものよりも、じっくりと内容について考えることにより、自分を根本から変えてくれるでしょう。実際私も自分のストーリーを書いているときに、「感動」が何度も思い返されて涙が出そうになりました。

ことわざで、「孝行のしたい時分に親はなし」という言葉があります。

これは「親のありがたさがわかる年ごろには親はこの世にはいない。つまり親が生きているうちに孝行せよ」という意味とされています。

とても不謹慎な言い方にはなりますが、これを読んでくださっているあなたの両親は明日突然亡くなるかもしれません。

親に会い、話をしたり、何かをしてあげたりできるのも「生きているときだけ」です。亡くなってしまったらもう二度と何もできないのです。

きっとこれを読んでくれているあなたのご両親は、

「親孝行なんてしなくてもいい。子供が元気でいてくれたらそれでいい」と思ってくれているはずです。しかし、私たちが元気でいることだけではなく、「プラスαで両親が喜ぶことをしてあげること」が真の親孝行だと思っています。

もし親孝行に関して普段考えていなかった、勉強する意欲が上がらないという人は、このMissionをおこなうことで自分が後悔しないためにも、まずは受験勉強を通じて、そして現役で志望校に合格することに集中していきましょう。親孝行をすることはあなたにとっても、人生レベルできっと大切な思い出になると思います。

勉強で人生が変わります

勉強をする意義というのは、これまで上げてきた要素以外にもたくさんありますし、むしろ予想できない要素のほうが多いのです。

高校に入った瞬間に『ドラゴン桜』や当時の家族の状況をみて、「このまま先の人生を考えていくと絶対に幸せになれない。自分が東大に合格して人生を180度変えてやる！」その強い思いがあったからこそ、成績不振に陥いることもありましたが、諦めずに最後まで受験勉強に取り組むことができました。

実際、東大合格したからといって、当時は何が自分のなかで変わるのかわかりませんでしたし、とくに東大だと他の大学と違って、入ってからも学部に進学するために勉強をしっかり続けていく必要があり、けっして楽なわけではありませんでした。
ですが、東大合格したことで見えない部分で自分に変化が起きて劇的な成長しているこ
とに時間がたつにつれて気がつくことができました。
その劇的な成長ができたときに感じたこと、それが次の言葉です。

「高い壁を乗り越えたとき、その壁はあなたを守る砦となる」

この言葉が勉強を続けてきた今、自分の軸となっています。
実際、人生のなかで「山場」があるとすれば、その1つに受験があると思います。受験
して大学に合格したときに、「自分は頑張ればこんなこともできるんだ！」と思うように
なり、自分の基準値が上がっていきます。
つまりあなた自身のなかでの目標は、ここでいう高い壁ということです。その目標を達
成するために真剣に取り組み、その壁を乗り越えたとき、自分の成功体験が、どんどん自
分を守ってくれる砦となり、それが自信につながるのです。
その砦は、その一瞬だけではなく、一生自分のなかに存在する守護神のような存在にな
ってくれます。「受験勉強のときにこれだけ頑張った」という成功体験があれば、同様に
いろいろなことに自信を持って取り組むことができ、次々に成功体験を作っていけるので

す。

それを踏まえて私が第1章でお話ししたストーリーを見ていただければ、小さな成功体験のあとに、次々と成功の連続が続いていくのがわかります。

この成功体験の連続が、自分の砦となり、志望の高校、東京大学、そして東大医学部と停滞せず、次々に新しいステージに進むことにつながっていきます。

自分が高校1年生のときは、東大なんて合格できるとは思っていませんでしたし、実際東大入ってから、自分がトップ10に入って医学部医学科に行けるとも思っていませんでした。ですが、このことを結果的に成しとげることができたのも、**自分の成功体験が自信につながり基準値が自然に上がっていったからなのです。**

そして東大に入ってからは、自分のやりたいことに没頭することができ、大切な彼女もでき、そして親孝行することができ、人生を１８０度変えることができました。

実はこの成功体験と基準値の上昇の関連は、自分一人だけの問題ではないということは知っていましたか？　とくにこの成功体験は、他人の成功体験であっても基準値は爆発的に上がっていくのです。

このことは勉強だけでなく、スポーツや仕事などさまざまなところに応用できるのです。たとえば２０１６年はリオオリンピックがあったのでスポーツを例に出しましょう。

「人類未踏の領域に突入です！　世界新記録がでました」

オリンピックを見ていると、世界新記録が出る場面は、それほど珍しくありません。

陸上競技男子１００メートル競走において、かつて人類は「10秒の壁」を突破することは達成困難だと、長年思われてきました。ですが電動計時の記録で、初めてカール・ルイスというアメリカの選手が10秒の壁を越え、９秒台の記録を出しました。

今まで達成困難であろうと思われていたがゆえに、世界は驚きと感動にあふれました。ただ私の伝えたいのはこの事実だけではありません。実はそのあと立て続けに、１００メートルを９秒台で走る選手が出てきたということです。

かつて達成困難だといわれていたのに、ある一人の選手が達成すると、「誰かが突破したという事実」が達成困難という思い込みのリミッターを解除することにつながり、現在ではジャマイカのウサイン・ボルト選手の持つ「９秒58」という記録が世界新記録となっています。

９秒台が当たり前という基準になるだけでなく、これからもどんどん記録が更新されていくでしょう。

もちろん道具や環境が進歩したこともありますが、やはりこれらは**「他人の成功体験」によって刺激を受け、全体の基準値が上がったよい例**といえるでしょう。

私が第1章で私自身のストーリーを載せたのも、私の自慢をしたかったのではなく、「成功体験」をお伝えすることで、それに刺激を受けて、「地方出身のすばるさんでもできたなら、私もできるはず！」と基準値を上げていけば、必ずあなた自身の勉強への意欲を変えていけるからです。

また、私が勉強を教えるときに必ず伝えることがあります。

それは「必ず東大の合格体験記を10人分は読め！」ということ。

合格体験記というのは、今の時代はネットでも調べたらいろいろなサイトに出てきます。その人の模試の状況や、出身高校、勉強法などをしっかり見て、自分の状況に似ている人を見つけましょう。成功体験の集まりでありますし、毎日隙間時間に15分間読むだけで自然と恩師やライバルのように感じ、モチベーションアップにもつながっていきますのでおすすめです。

受験はなによりも楽しんだもの勝ち！

なぜ勉強するのか？　勉強する意義についてさまざまな観点から話してみました。勉強へのモチベーションが高まってきたと思いますが、ただ頭のなかではわかっていても、勉強への苦手意識がある、勉強をすすんでしたくないという人もいるかもしれませんね。

ただ厳しいことをいうと、そんな甘えたことをいうのなら勉強をやめれば、と思います。というのも、東大をはじめ一流大学に合格している人は、勉強が嫌いなんて思っている人はほとんどいません。

じゃあ彼らはどう思っているのかというと、勉強はやらなければいけないことではなく、趣味という感覚で自発的にやっている、もしくは逆に勉強をしていないと生活リズムが狂ってしまうというくらいに思っています。

そのため、とくに東大生に調査をとってみても、高校生のころ、親や先生に「勉強しなさい」といわれたようなことはまったくなく、自由に自分のやりたいときに、やりたい分だけ勉強していたという人ばかりです。

私の場合は小さいころからポケモンのゲームばかりやっていて、初期の「青」から全バージョン買って遊んでいました。そのため自然とポケモンの名前はすべていえるようになり、ゲーム中のポケモンバトルは誰よりも強かったですし、ポケモンに関することならだれにも負けない自信はありました。何より強い兄との対戦が意欲の源でした。

当然ですが、ポケモンをやらなければならないと思って仕方がなくやったことはありませんし、逆にポケモンをやることが楽しみの1つとなっていました。

ポケモンをやるように勉強をやれとはいいません。ただ「好きこそものの上手なれ」ではないですが、受験勉強は趣味のように楽しんだものこそ受験を制するのです。受験勉強を楽しむための2つのポイントについてお伝えします。

1つ目は「勉強を習慣化すること」です

習慣化というのは、無意識で当たり前のこととなっているようなことです。

たとえば歯磨きをしないで夜そのまま寝たら、大半の人は気持ち悪いと感じますよね。これは歯磨きがあなたのなかで習慣化されているため、そう感じるわけです。

受験を通じて大量の勉強量をこなしていくのであれば、どこまで勉強を「習慣化」できるかにかかっているといっても過言ではありません。

東大合格者などは、ほかの人からすると大量の勉強をこなしているように思われがちですが、本人たちのなかではもうそれが当たり前になってきて完全に習慣化されているのです。

逆に勉強が習慣化されていない人は、1日3時間も勉強をするとそれだけで満足して、次の日は「昨日3時間もやって疲れたから今日は休むか……」といって長続きせず、しかも少ない勉強量、勉強時間で満足してしまうのです。

習慣化されている人は、「毎日必ず○○時間は勉強する」ということが当たり前となってきているので1日単位でどんどんライバルと差をつけて、1週間では膨大な量の差が、そして1カ月では予想もつかないような差が生まれるのです。

「勉強がいやだなぁ」といって、悩んでいる暇がある人は、まずは習慣化ができていないといっても過言ではありません。習慣化の方法は、このあと「スケジュール管理法」という秘技がありますので、楽しみにしていてくださいね。

2つ目は「好きな科目、得意科目をつくること」です

とくに東大生は得意科目を作っている人が多い、というよりも得意科目を作ることが得意なのです。たとえば幼いころから「日本の歴史」や「世界の歴史」の漫画を読んでいる人や、三国志が趣味で好きな人は、自然と社会が好きになり、そして得意になっていきます。

また英会話などを幼いころからしている人は、英語の発音はもちろんのこと、英語自体が好きになり、英語が得意科目になっています。

好きになるきっかけは人それぞれですが、どのようなきっかけでもよいと思います。

私の場合は、高校生になったとき初めての定期テストで数学が100点をとれたため、

自然と「次も高得点をとりたい！」と思えるようになり、どんどん好きになっていきました。

私の友だちでは、周期表を中学校のころ暗記をしていて、それで自然と化学が好きになり、そして得意科目になった人もいますし、ほかにも本や小説を読むのがとても好きな人は、自然と国語が好きになり、そして得意科目にしていた人もいます。

得意科目というのは少し曖昧な基準でもありますので、具体的な基準をつけるならば「1日その科目だけをやっていても楽しんでやれるか」ということがあげられます。

もちろんすべての科目を得意科目にする必要はありませんし、それは難しいと思います。実際の受験では合計得点で勝負します。たとえば私の知り合いでも数学が120点中8点だったのですが、他の科目によって合格最低点をギリギリ越えて受かったという人もいるくらいです。

とくに成績が偏差値50以下だという人は、まずは苦手な科目をつぶしていく作業よりも、まずは必ず得意といえる科目を必ず2科目はつくることを優先して勉強していきましょう。

受験勉強は自分の出身地や容姿、性格などは関係なく、そして就活のように書類審査などもなく、日本全国の受験生が平等に戦うことができる最高の勝負所です。**正しい勉強法で勉強する以前に、この2つのポイントを抑えることが成績を上げる大前提**だと思ってください。

受験はとくに1回でも自分の成績の上昇を実感できた人は、どんどん受験勉強が楽しくなり、勉強へのモチベーションも高まり、成績も一気に上昇していくというものなのです（まさに成功体験の連続のよい例ですね）。

しっかり2つのポイントを守って、どのような環境であれ、どのようなテストであれ、まずは小さな成功体験をつくることを目指していきましょう。

Smartな目標設定は早めがベスト！

何かを達成したいときに、私たちは幼いころから目標設定をするようにいわれてきました。受験勉強でもスポーツでも仕事でも、何か大きなものごとを成しとげるためには目標設定が重要ですよね。

ただどのくらい目標設定が大切か？　と聞かれると、しっかりと自分の意見をもって答えられる人は少ないと思います。

逆に「目標を立てることは面倒くさい」「目標なんて立てなくても自分のやるべきこと

をやっていれば大丈夫」と正直なところ思っている人も多いのです。

目標設定の重要性に関して理解していない、あるいは重要性をはき違えてしまうと、目標を設定したとしても、とんでもない無駄な時間と労力を使ってしまうことになりかねません。


目標設定の重要性として、「サイバネティクス理論」というものがあります。

とくに難しい話を持ちだしたいわけではないので、簡単にわかりやすくお伝えすると、「明確な目標を設定することによって脳科学的にも、人間の脳が無意識にその方向に向かうように働きだす」というものです。

つまり、明確な目標を設定して達成しようと決めることで、自分で何をすべきかを脳が認知し、それにより自然と付随する情報が飛び込んでくるというわけです。

実際受験に合格する人の多くは、目標設定を明確に決めている人が多い印象にあります。

すなわち、**成功するかしないかの境目は、明確な目標設定をしているかどうかの差でしかないのです。**

目標設定といってもいきなりいわれても、正しい方法がわからない人が多いと思います。ただ安心してください。受験だけでなく、スポーツやビジネスなどの多くの成功者が実践している、名づけて「目標設定のゴールデンルール」というものがありますので、それをお伝えしていきます。

ゴールデンルールは3つの順番があり、

①長期的な目標設定（志望校）を決め、その理由もできるだけ箇条書きで書きだす
②中期的な目標設定（2、3ヵ月）を必ず決め、その結果を出すために勉強していく
③短期的な目標設定（1日、1週間単位）を決めて、2つの必殺奥義をやっていく

ということです。簡単にそれぞれに関して説明していきましょう。

①長期的な目標設定（志望校）を決め、その理由もできるだけ箇条書きで書きだす

これは受験勉強の目標設定における核となる部分です。志望校を決めるというのはよく聞くと思いますが、私がお伝えしたいのはそれだけでなく、志望校を目指す理由、大学受験をする理由も必ず考えて紙に書き起こしてほしいということです。

私は勉強法を教えるときの前提として、志望校を聞きますが、同時にその理由につい

ても書いてもらうようにしています。それはこの質問を投げかけるだけで「結果が出やすい人」か「結果が出にくい人」かがわかるからです。

『理由なんて書く必要がない』

と思いましたか？

だからあなたは勉強が続かないんです。

☒勉強をしたいと思わない
☒すぐにスマホをいじってしまう
☒テストでも結果が出ない

そういう効率の悪い勉強をしています!!

逆にうまくいく人はこの理由がきっちり決まっています！

必ず何らかの理由をもって行動しています。

たとえばこんな例があげられます（これは私の例ですが）。

◎高いレベルの環境で、自分のやりたいことをしたい
◎大手有名企業に就職して、安定した人生を送りたい
◎優秀な仲間と切磋琢磨したい！
◎自分に自信を持ちたい
◎まわりを見返したい！
◎日本や世界を引っ張っていきたい
◎将来のコネをつくりたい
◎有名人になりたい！
◎サークルに入ってみたい
◎東京の大学に行きたい
◎一人暮らししてみたい

などなどです。

どうですか？

例としてでもたくさんあげられます。

こういうふうに、初めに『なぜ自分が志望校に受験をするのか』を考えてみてください。志望校を決めたとしても、ふと聞かれたときに理由に悩んでしまい、すぐに答えられないというのは、何かあったらすぐに志望校をころころ変えてしまうような人が多いです。

たとえるならば、もしあなたが男性ならいずれはやってくると思いますが、自分の愛する彼女と結婚を考えているときに、相手のお父様に「娘さんをください！」と伝えにいく、あの人生最大の山場を想像してください（私も含め、まだ経験したことがないと思いますが、想像でも大丈夫です）。

そのときにお父様に「どうして娘のことを好きになったのか？」「娘の好きなところをあげてみなさい」なんていわれたときに、全然答えられないのは、失礼極まりませんよね。返ってくる言葉が「おまえなんかに娘なんてやらんぞ！」なんていわれたら、人生終了レベルです。

実際私がいいたいのは、志望校を彼女や彼氏だと思え！　ということではありません（もちろん完全に間違っているわけではないですが）。面接があってもなくても、行きたい大学へ志望した動機をしっかり考えて書きだして理由を明確にする。そうすればあなたの目標に向けた道が明確になり、あなたの「行動力」が大幅にアップし、諦めない不屈の精神と、目標に向けた爆発的な加速力がつくでしょう。

マラソンで走っているのに、ゴールを知らずに走っていると全然違う方向に行ってしまう、もしくは走っている意味を感じなくなってしまいますよね。また学校のプールの授業で、ときどき泳いでいるうちに真っすぐではなく、全然違う方向に行き、気づいたら誰かとぶつかってしまう人がいたと思いますが、目標設定を明確にしていない人は、まさにそういうイメージに近いです。

この「理由を書く」ということはあまりいわれたことがないと思いますが、志望校への理由づけを言葉に起こすことで、志望校への執着心が強くなり、たとえ他人に「志望校を変更したら」といわれても、軽い気持ちで臨んでいるわけではないため、受験本番まで諦めずに目標に向かって自分を捧げられるのです。逆にこのことをしないと、受験が近づくになるにつれて目標がブレブレになってしまい、受験勉強自体にも集中することが難しくなってきてしまいます。

もう1つ加えていうならば「書きだす」ということをしてもらいたいです。

最近だとパソコンやスマホでタイピングするという人も多いですが、そうではなく実際あなたの手で時間を使って書き起こしてほしいのです。自分の手で書きだすことで、そこに潜在意識が反応してきます。どうか潜在意識に落とし込むように1つ1つ心を込めて書きだしてみてください。

そして書きだしたら、どうか声に出して読んでください。そこに漠然としていた志望校への思いが明確になっていき、いままで自分では気づかなかった「あなた自身」を垣間見る瞬間となるでしょう。その書いたものを自分の勉強机に貼っておいたり、家族や友だちに宣言するのを忘れないようにしましょう！「宣言」することで自分自身をよい方向に追い込むことができ、目標達成がしやすくなるのです。

ということで、以下のMission2をやってみてください。

Mission 2

あなたの志望校と受験する理由を、時間をかけてできるだけ多く紙に書きだしましょう。

そして今すぐに音読し、机や壁に貼るとともに、家族に宣言してください。

②中期的な目標設定（2、3ヵ月）を必ず決め、その結果を出すために勉強していく

ここでお伝えする中期的な目標設定というのは意外にもやっていない人が多いのですが、

私はこのことによって自分の成績の伸びを十分に感じることができたこと、そして自分の勉強の軸がしっかり定まることにつながりましたので、やるかやらないかで大きく差がつくものなのです。

では受験において中期的な目標とは何かというと、「模試」なのです。

模試は高1、高2のときは大体2、3ヵ月に1回受ける、受験生になると1、2ヵ月に1回というように頻度は増えてきますが、この模試への取り組み方にも成績が伸びるかどうかがとても関係してきます。

模試を受けるとき、たいていの受験生はこのような流れが多いです。

- ①模試の日程を確認する
- ②模試を受験する
- ③解答解説を見て自己採点をし、間違ったところを復習する
- ④結果が返ってきて偏差値や判定をみて一喜一憂し、また復習する

これを見て、いろいろな意見があると思いますが、模試を受けるにあたって一番重要なのはどの時期、もしくはタイミングかわかりますか?

多くの人が思っているであろう質問の答えは③、④の復習ではないでしょうか？

もちろん模試について復習しない人は、模試の受験料をドブに捨てているといっても過言ではないとしても、実は復習よりもやるべきことがあります。タイミングからお伝えすると、①と②の間です。

結論からいうと、**「模試の範囲を調べて必ずそれに間に合わせていく」**ということが、一見当たり前に思えますが、意外に重要なことなのです。

実際私を含め、受験に合格するような人の多くは「模試に合わせた勉強」というのをしています。一方、たいていの人は模試を受けるときに、その場で自分の実力を確かめる、すなわち受動的な受け方をしています。

模試に合わせた勉強というのは、しっかりその範囲をわかったうえで1、2カ月前から、その模試で結果を出すために調整していき、**あたかも受験本番のように合わせていくという積極的な受け方**なのです。

聞けば当たり前かと思ったかもしれませんが、実際「模試に合わせた勉強」をやれている人は多くはない印象を受けます。とくに模試を受けて知らない範囲が出題されたり、聞いたことがあるけど解けなかった問題があったりした経験はありませんか？

残念ながらそういう人は典型的な受動的な模試の受け方となっているため、せっかくの模試を受け流しているようにしか感じられません。

ただ「模試といってもいろいろありすぎてわからない」「学校で指定されている模試しか受けたことがないのですが……」なんて人もいると思います。

まず模試については、とくに受験生になればいやでも受けさせられる、おもな2つの模試、「マーク型」と「記述型」の2つがありますが、実は高1でも高2でもどちらの模試も受けられることはご存知でしたか?

学校ではとくに地方の高校に多いのが「進研模試」や「学研模試」。ただ模試といっても、母集団や難易度によって偏差値や判定も変わってきてしまい、判断材料としては少し弱いのです。

では、どのような模試を受ければよいのかというと、私のなかでは2つおすすめしたいものがあります。まずマーク型に関しては**「東進のセンター本番レベル模試」**です。これは受験生ではなくても受験できること、また2ヵ月に1回のペースでおこなわれているので、センター試験に向けた対策がよいペースでできるということが大きな利点です。

また受験後1週間で結果が返ってくるため、とても復習がしやすいことも、メリットといえますね!

次に記述型に関してですが、**「河合塾の全統記述模試」**です。河合塾の模試といえば母集団が一番多く、難易度も適切で、偏差値や判定が信頼できるものとされています。

河合塾の模試は、マーク型もあるので、もし機会があれば記述模試とマーク型の模試両方を受験してみてください。こちらも地方の子でもネットから申し込むことで地元で受験できるはずです。

あと必ず受けてほしいのは、自分の志望大学の名前のある模試です。

たとえば東大だと、駿台の東大実戦模試や、河合塾の東大オープン模試、東進の東大本番レベル模試などがありますが、これで結果を出せるかどうかが、判断材料として一番信頼できるものです。

もちろん難易度は高いですが、この模試を合わせることができるようになることを目標にしましょう。

これら以外にもたくさんの模試がありますが、模試は受けて損はありません。しっかり自分で模試の量が足りていないなと思うのであれば、受験料はかかりますが、お金をケチらずにしっかり模試に合わせて準備をして、受験してみてください。

この模試に合わせることが中期的な目標にもつながり、それに普段から合わせていくことで、自然と長期的目標である志望校合格へ、大きく近づいていくことができます。

③短期的な目標設定（1日、1週間単位）を決めて、2つの必殺奥義をやっていく

みなさんが思っている目標設定のうち、普段からやるべきものが短期的な目標設定です。ただこれは意味もわからず自己流に漫然とやっているだけだと、三日坊主になってしまい、勉強の習慣づけもできなくなってしまいます。

ただ短期的な目標設定のための助け舟となる、今まで私が教えてきた生徒では例外なく全員が勉強の習慣づけができるようになった、合格可能性を最大限に広げてくれる、2つの必殺奥義があります。

その2つとは**「やることリスト」**と**「スケジュール管理法」**です。これからそれぞれの意義から具体的なやり方まで説明していきたいと思います。

やることリストの正しいやり方と、真の効果

地方高校出身の落ちこぼれでも『習慣化』できた魔法の方法1つ目、それは『1日のや

ることリスト』を決める、ただそれだけです！

受験勉強やスポーツ、ダイエット、さまざまな場面で習慣化というワードは使われていますが、なんと96パーセントの人が一般に『習慣化』しようと心で決めていても、実際に行動できないといわれています。

受験勉強でも習慣化されていないと、勉強すること自体にも高いハードルがあるため、ダラダラ過ごしてしまうという無為な生活になってしまいます。

それはこの「やることリスト」を作っていない、もしくは使い方が間違っている人が多いからです。

実はそのような人は、すなわち「習慣化」に失敗してしまった人はどうなるかわかりますか？　答えは簡単です。「自分を責める」ことをしてしまうのです。

「また○○に失敗してしまった。自分はなんて意志が弱いのだろう……」

「こんな後味の悪い思いをするくらいなら○○なんてしなければよかった」

などと必要以上に自分を責めてしまい、自分自身の能力や存在そのものまでも否定してしまうのです。

実は同じ経験は私にもありました。

勉強法を確立するまでは、「勉強をやってはやめ、また始めては挫折する」を繰り返していました。

「結局、自分は何をやってもダメなんだ……」

「こんなことすら続けられないなんて、なんて自分はダメなんだろう……」

しかしこの勉強法による「習慣化」は、今までの私を変えてくれました。

「習慣化」を味方につければ人生は変わるといっても過言ではありません。

ただ間違ったやり方をしてしまうと自分を責めてしまい、ストレスだけが溜まっていき、勉強への意欲が格段に減ってしまいます。

もし、あなたが今まで同じような経験があるのなら、今日でおさらばです。

私はあなたの「習慣化」を成功させるために「1日のやることリスト」の使い方において、**4つのポイント**をお伝えします。

このとおりにやるだけで、あなたは絶対に失敗せず「習慣化」を味方につけることができます！　失敗する96パーセントではなく、成功する4パーセントにあなたを連れていきます。それでは見ていきましょう。

Point1

1日の終わりに作る

よく失敗する人の例としてもっとも多いのは「1日の初めにリストを作る」人なんです。

1日の初め、すなわち朝に作ろうとすると、どうしても面倒に感じてしまうからですね。

そうではなくて、逆に「1日の終わりに作る」ようにすることです。

寝る前に作ることで朝起きた瞬間からすべきことが決まっているので、すぐに勉強に取りかかることができるからです。

また、朝作るよりも、高いやる気を生みだしてくれるというメリットもあります。

さらに寝る前に作ることで「今日はこんなにできた！　だったら明日はこれだけできる！」

というように予定をたてやすくなります。

Point2

少しきつめの量を設定する

習慣化において、一番間違っているのは「最初からかなりきつめの量を設定する」ことです。

これだと先ほど述べたように失敗しやすくなり、自分の勉強への自信喪失につながります。

だからといって、簡単な量、すなわちいつもどおりの自分でもできるような量では意味がありません。

ただ「少しきつめ」といってもいまいちピンと来ない人もいると思いますので、わかりやすい例を1つあげてみましょう。

たとえば、最初は普段勉強している量のプラス5ページを目標にしてみます。

もし仮にある日達成できたとします。

すると次の日は、前回よりプラス2ページ多くやろうというふうに少しずつきつめにしていくのです。自分で一気にではなく、少しずつ基準値を上げていくことで「きつすぎる」と思うことなく、どうにかして「自分で時間を作りだす」力もつけることができるようになります。

またこのプラスαの増加によって、たとえば「もう15分頑張ろう！」といつも思えるようになり、気づかないうちに他の人と差をつけることができます。

このことにより、自然とある一定の基準よりも多い量の勉強をこなせるようになります。

Point3

紙やスマホなどに書いて、つねにそれを持ち歩く

「やることリスト」は作って終わりではなく、それを1日のうちに何回も見返すことで、脳に今日やらなければならないことが刷り込まれ、自然と目標達成に意識が向きます。

ダラダラと時間をつぶしてしまうこともなくなっていきます。

「やることリスト」はノートを作って書くことがおすすめですが、都会で満員電車のなかだとわざわざバッグから出すのが面倒くさいと思うならば、その写真をスマホでとったり、もしくはメモに書いて、ちょっとした隙間時間にも見て、どんどん終わらせたものにチェックマークを付けていくという作業をしていきましょう。

Point4

時間ではなく量で決める

これは一番よくあるミスなのですが、1日の計画を立てようとしたときに、時間で設定してしまう人が多いように思います。時間で区切った場合は、その時間で計画を実行することだけに気をとられてしまい、実際の勉強の内容が頭に入りにくくなってしまいます。

つまり中身のなく、ダラダラとした勉強してしまうので、必ず『量』で設定して「集中して早く終わらせるぞ！」くらいの気持ちで取り組んでみてください。

具体例として、

『単語帳を1時間』ではなくて『単語帳を15ページ』

『青チャート2時間』ではなく『青チャート40ページから50ページまで』

と達成できる量で決め、かつ具体的に決めるのがポイントです。

今までのポイント4つわかりましたか？

Point1 1日の終わりに作る

Point2 少しきつめの量を設定する

Point3 紙やスマホなどに書いて、つねにそれを持ち歩く

Point4 時間ではなく量で決める

以上になります

◎「やることリスト」をとりあえず3日間続けてみてください！
◎この3日間だけはなんとしてでもやり通してください。
◎実は習慣化できるようになるには**3日やれたかどうか**が基準といわれています。
◎最初から「1カ月続けよう！」とは思わないでください。
◎最初の目標設定も「かなりきつめ」ではなく、「少しきつめ」です。
◎いつもの勉強習慣を変えるというのは少しつらいかもしれません。
◎その分あなたは3日間のノルマを達成できたとき、自分をほめてあげてください！
◎なにか自分でごほうびを決めてもよいです。
◎次は1週間、次は2週間、1カ月……と続けていきます。

この方法によってしだいに正しい習慣がついてきて、勉強が苦もなくとてもはかどるようになります。**この3日間はあなたの人生を大きく変える、そんな人生の分岐点となる3日間だと思って、取り組んでみてください。**

超簡単な作業で、勉強を習慣化する『スケジュール管理法』

私が高校2年生のころに、恩師に教わったこの「スケジュール管理法」。本当にこの必殺奥義のおかげで自然と勉強が習慣化されるだけでなく、勉強への楽しさやモチベーションが継続して実感できました。私自身一番実践しやすく、そして自分の状況が視覚的に把握できるため、継続しやすい勉強法の1つだと思っています。

スケジュール管理と聞くと、計画を立てることだと勘違いされがちですが、逆に実際あなたは受験勉強において計画を立てたことがありますか？

また、計画というと、どのようなものを思い浮かべますか？

一般的には下のようなものが浮かぶと思います。

はっきりいいます。

○月△日（日）1日の計画

7:00	起床
7:00～ 8:00	朝食
8:00～ 9:00	自由時間
9:00～11:00	数学
12:00～13:00	昼食
13:00～18:00	英語
18:00～19:00	夕食
19:00～21:00	国語
21:00～22:00	入浴
22:00～23:00	自由時間
23:00～24:00	暗記
24:00～ 7:00	睡眠

これは現段階では効果はなく、勉強意欲を失わせ逆効果になります。

なぜだかわかりますよね？　量ではなく、時間で区切っているからです。

先ほどもお伝えしたとおりで、多くの人が必ず時間どおりにはおこなうことができず、ストレスだけが溜まってしまい、最終的には「勉強はつらい」と思う原因になってしまいます。

そして「自分は何をやってもできない」と自分を責めてしまう状態になってしまうのです。


実際、私も成績の上がらない時期はこのようにやっては失敗を繰り返していました。

このような計画の立て方を完全には否定しません。というのも、勉強ができる人のなかでも、ごく一部の数少ない人にはマッチすることもあるからです。

ですが、もしあなたが今勉強の習慣がついていないならば、信じられないほど残酷で、ただ拷問のようなものです。

じゃあ、どうすればよいのかというと、時間ではなく量で、そして程度は「かなりきつめ」ではなく「少しきつめ」で、1日単位で**やることリスト**を作ればよい！

というのが、先ほどの1つ目の必殺奥義でした。

ではこれからお伝えする2つ目の必殺奥義は何かというと、端的にいえば「逆転の発想」です。すなわち、「やることリスト」だけではなく、「やったことリスト」も作るべきということです（=私は「スケジュール管理法」と呼んでいます）。

実はこの方法は単独でも効果を発揮しますが、やることリストと一緒に活用すると、ものすごい効果を発揮します！

この2つを組み合わせることで、95パーセント以上の人が、習慣化が可能になるのです！（私が教えてきた生徒たちは例外なく習慣化できるようになり、楽しくなったと声をそろえていっています）。

では本題に移りましょう。「スケジュール管理法」とはなにか？

それは**「勉強する予定を立てるのではなく、実際にやった内容と時間を記録するだけ」**という意外とあっさりしたものです。

やることはとても簡単なため誰でもすぐできるうえ、実は勉強の習慣をつけるのにこれほど役に立つものはないといっても過言ではありません。

私はこの方法に出会って、実際に始めてみたところ、今までとは打って変わって、簡単に勉強の習慣をつけることができました。

そのスケジュール管理法に関して、具体的なやり方についてお話ししていくと、

✓ ①あなたの受験する大学（志望校）の配点を鑑みて、各科目の1週間の勉強時間を決める

✓ ②その1週間で、実際に勉強した時間（何時何分から何時何分）と内容をノートに書く

という再現性100パーセントで誰でもできる2ステップです。

合格者は必ずやっている実戦的逆算術！

スケジュール管理法の1つ目に関しては、入試の配点を見たうえで「実戦的逆算術」を用います。

繰り返しにはなりますが、入試というものは合計点での勝負です。すべての科目で一定の点数以上が必要というものはなく、仮に苦手科目があったとしても、得意科目でそれを上回るだけ点数がとれていれば、そして合計点が最低点を越えているだけで合格するという、極めてシンプルな勝負です。

ただ自分の志望校に向けて勉強するときに、科目ごとに目標点数や目標勉強時間を決め

る必要があります。そのために一番使える実戦的逆算術とは、「配点から逆算して勉強時間を決める」というものです。

つまり、志望大学の各科目の配点から、それぞれの重きの置き方を設定していきます。たとえば東大理系だと、各科目の点数は、英語「120」、数学「120」、国語「80」、理科「120」となります。

次に各科目の勉強時間を決めるのですが、これは1日ごとの勉強時間ではありません。1日ごとに勉強時間を設定してしまうと、ただ実際その日の予定にも左右されますし、毎日その勉強時間を終わらせるためだけに必死になってしまいます。

1日ごとに関しては、時間より量を優先してほしいのですが、1週間単位で見たときには、ある程度目標最低ラインとしての、「勉強時間」を決めおくべきです。

ここで注意してほしいのは、勉強時間は、

「学校や塾などの授業時間を除く、自主学習の時間」

ということだけは肝に銘じておいてください。そのため学校がある週は長期期間と比べると、勉強時間が少なくなりますが、この定義によって、**自分で隙間時間を見つける、すなわち自分で時間を作りだす能力が高まるという点でも十分なメリットといえるでしょう。**

もちろん勉強の習慣づけができるようになれば、1週間単位で見たときの勉強時間だけでなく、時間あたりの勉強量もそれなりに増えていきます。やることリストに付随する形で、スケジュール管理法を実践することで、時間の面でも量の面でも十分増やすことができ、基準値が自然と上昇していきます。

また次に1週間の勉強時間ですが、私の経験や、ほかの東大生の話を総合して考えた結果、

高校1年生、2年生↓1週間で30時間（長期休暇は40時間）
受験生↓1週間で40時間（長期休暇は50時間以上）

を目標にするようにしてください。

私が高校2年生のときはまず初めは全体が30時間ということで、配点を考えた結果、英語8時間、数学8時間、国語4時間、物理5時間、化学5時間としました。

とはいっても、最初は30時間なんて、私はこなすことができず、頑張っても20時間でした。ですが、安心してください。最初はそれでいいのです。

だんだんやっていくうちに、1カ月もすると自分で隙間時間を作って勉強できるようになり、安定して30時間を超えるようになりました。

一般的な計画と違って、**1週間の目標時間だけなので、柔軟性もあり、自分の自由時間も好きなタイミングでとることができます。**加えてそこまでストレスもかかることもありません。

2つ目の「その1週間で、実際に勉強した時間（何時何分から何時何分）と内容をノートに書く」に関してですが、スケジュール管理法は必ず勉強の合間につけてください。

そしてノートに**時間・科目・内容**の3つを書いてください。

たとえば、下のように時間・科目・内容の3つを書いていき1日ごとに、科目ごとの合計時間を書いていくだけです。

1週間たてば、各科目の合計時間と、全科目の総計時間がわかります。

そこまで難しくありませんし、あなたがやった量と時間が視覚化されるため、あなた自身の勉強の状況が把握しやすくなります。

スケジュール管理法はとくに友だちと競争することを強くおすすめします。私の場合は友だちと毎週競っていて、刺激を受けなが

11/3（木）
0:50 ～ 12:10 三角比（数 1A）
チャート式　p130 ～ 140
13:00 ～ 14:20 英単語（英語）
ターゲット英単語 1900　p35 ～ 50

らお互いの基準値を高めて、２ヵ月で学校がある週でも40時間を超えることが当たり前になってきました。

このスケジュール管理法に慣れてくると、魔法にかかったように「どんどん勉強をしたい欲」にかられてきます。

私の教え子でもこれをさせると、勉強がつらいと思っていた生徒でも自発的に勉強するようになり、勉強がつらいとは一度も思わず、逆に勉強したい、勉強が楽しいとばかりいっています。

とくに現在ではネットを通じて全国の高校生に教えているわけですが、私が深く関わってサポートしている生徒たちのＬＩＮＥのグループがあり、現在では30名以上の高校生や受験生、浪人生などいろいろな方が参加しているのですが、私のサポートはもちろん、毎週スケジュール管理報告をしてもらっています。

入った当時は1週間に5時間しか勉強してなかった子が、1ヵ月で40時間を超えるようになり、夏休みのときには1週間で１００時間を超えた子がなんと複数もいるのです。

ほかの人から刺激を受けて、短期間で圧倒的に基準値が上がることで、それが短期間で爆発的に成績を伸ばすことにもつながってきています。

このスケジュール管理は、受験だけでなく、大学に入ってからも使えるテクニック『人生を変える勉強法の1つ』となっています。

今日から、スケジュール管理用のノートを作る、またはスマホに記録するとかでも構いませんので、ぜひやってみてください（最近だとstudy plusというアプリもおすすめです）

◎自分の1週間の時間の目標を決めて、これからまずは1週間やってみましょう。

◎ぜひ1週間後これだけやったというのを、親や先生にどんどん自分から伝えに行ってください。

そうすれば、勉強が苦ではなくなり、

まるでゲームのように**ワクワク**する感覚で勉強することができますよ！

まとめると、

「やることリスト」＝1日単位で、量を重視

「スケジュール管理法」＝1週間単位で、時間を決める。

というものです。
このおかげで一気に勉強が楽しくなり、自然に勉強が習慣化されます。
最後にあなたにMissionを与えます。

Mission 3

第2章を読み終わったあと、すぐに「やることリスト」を作成してください。
また志望校の配点から、今週のスケジュール管理の目標時間を各科目設定しましょう。

受験勉強を正しく習慣化することで、まわりが苦戦しているのを横目で見ながら短期間で成績を上げられるようになりますので、早速行動に移していきましょう。

東大生がやっている『知覚動考』勉強法

受験生として合格を勝ちとるには、自身の行動力がモノをいいます。

ただ頭のなかではわかっていても、行動を起こす前に悩んでしまい、結局思うように行動に移せず目標が達成できなかったという経験があるという人は多いと思います。

今回お伝えする「知覚動考」という言葉は、実は受験生のときではなく、私が東大に入ってから、ある実業家の講演を聞いたときに、おっしゃっていた言葉で、私はその言葉に心を打たれたことを今でも覚えています。

その講演のテーマは、受験勉強とは関係はありませんでしたが、よくよく考えてみると、私も含め東大生の友だちが、潜在的に持っている自分の核となっている部分を端的に表現した最高の言葉だと思っています。

- **多くの人は未知のものごとを知って、覚えます**
- **ただそのあとに考えてしまう**
- **つまり立ち止まって考えたあと、そのあとに動こうとします**

こういう人は受験勉強においても、普段の生活においても、なにか困難が立ちはだかったときにずっと立ち止まってしまうタイプなんです。

言い換えれば、経験を踏まないと動けない、逆にいうと経験を積むまでのインターバルが著しく長い傾向にあります。

受験勉強は入試という決まった日にちに向けて、**限られた時間のなかでどれだけスピード感をもって自分を成長させていけるかがカギ**となってきます。

実際わかりやすい例は過去問を始める時期ではないでしょうか。

私は大学3年の夏に、自分の高校に「医学部志望の受験生に向けて自分の受験勉強の勉強法や、大学に入ってからのことなどを伝えてほしい」と連絡があり、東京から朝5時に起きて新幹線で香川に向かい、受験生に向けて講演のような形でお話しをしたことがあります。

たまたまそこで、私の同期で浪人して広島大学の医学部に合格した人がいました。

彼の話を聞いていたのですが、現役時代、一番後悔したことを「過去問に取りかかる時期があまりにも遅すぎた」といっていました。

彼だけでなく、普通の受験生は、

「過去問はすべての科目の全範囲が終わったあとじゃないと、解けない問題があるのでやっても無駄だ」

あるいは「過去問は最後の確かめに使うものだから早めに解いても意味がない」なんて思っている人が多いのです。

もちろん学校や塾では、あまり過去問の使い方や、やりはじめる時期などは教わっていない人も多いと思うので仕方がない……というと思いましたか？

そういう人は、受験勉強だけではなく、大学に入ってからも、そして社会人になって就職してからも、人より何か劣ってしまうことが多くなっていきます。

受験生で合格する人と失敗する人を分けるのは、**自分の行動の核となる潜在意識（マインドセットと呼んでいます）**なのです。そのなかでも、今回お伝えした「知覚動考」が受験勉強の基盤となるものなのです。

ちなみにこの、「知覚動考」というのは、**「ともかくうごこう」**と読んでいます。どういうことかというと、普段は「知る→覚える→考えて→動く」という人が多いですが、しかしそうではなく「知る→覚える→動いて→考える」ということなのです。

ただ「考える」と「動く」の順序のちょっとした違いでも、得られる経験値は数十倍以上にも膨れ上がって差がつきます。

もちろん人はよく悩み考えますが、そのこと自体は悪いことだとは思っていません。ですが、ものごとを知って覚えて、そのあとに考え立ち止まる人は、行動を起こすのにとても時間がかかる、あるいは行動に移さないという人も多いのです。

行動を起こさないことには結果は変わりません。

動く前に考えることで多少リスクは減らせるかもしれませんが、大概、考えたこととは別のほうにことが進んでいきます。

その場合、事前に考えたことは無駄になってしまいます。

ではどうすればよいかというと、**「行動して、つまずいたあとに考える」**ようにすべきです。

実際に問題が起きてから、工夫をして乗り越える。

こんな経験ありませんか？　もしくはまわりにこんな人はいませんでしたか？

「初めて習った数学の範囲を復習するために、ずっと教科書ばかり読んでいるという人」

「自分でわからない問題があったときに、自分一人で3日以上悩んだことのあるという人」

本当にこれはやったことのある人はよりわかるのですが（実際私もやって後悔したことはありますが）、予想以上に時間の無駄になってしまうことが多いです。

たとえば前者の例だと、数学の復習で教科書ばかりずっと読んでいる人は、どういう理由かというと、「教科書を見てほぼ完璧にしてから問題を解きたい」と思っているのが大半です。

実際にやってみると教科書を仮にほぼ完璧にしたとしても、いざ問題を解いてみると必ず間違えてしまう、もしくは解法がわからない問題がでてくるはずです。

そうなった場合は、解答解説を見て「こんな解法があったのか」という驚きとともに、解法を覚えていくと思います。

ですが、東大合格者のような勉強法が確立している人、今回の例でいくと数学が得意な人はどのようにやっているかというと、復習のときは、「いきなり問題から取りかかる」という人がほとんどです。

問題にいざ取りかかってみて、もちろんわからない問題があると思います。そうなった場合には解答解説をみて、ある程度最低限度の解法パターンは覚えるとともに、計算もやっていきます。**そうして先にどんどん演習量を積んで、経験値を上げることで、基盤を整えていくという人が多いのです。**

そういうときに、もし解答解説を見てもわからない問題があったらどうするのか？

という場合、もし前者なら自分で教科書や参考書などをひたすら見て、いろいろ調べているうちに時間が経っていき、日をまたぐということもありうるのです。

そうなった場合、わからない問題に直面しても、「自分は教科書でほぼ完璧に覚えたから、自分でいろいろ調べてなんとか解決策を見つけ出す」という考えが先に出てしまうのでしょう。

では逆に得意な人、成績が上位の人は、壁に当たったときどのように対応しているかというと、まずは自分で教科書や参考書を調べてみることまでは、同様です。ですが、もしそれでもわからなかった場合は、**すぐに「ほかの人に聞く」**ことをやっているのです。たとえば友だちでもよいですし、学校の先生でもよいかもしれません。

わからない問題があった場合、考えて悩みすぎて、そして立ち止まってしまう人と、考えてもわからない場合に、すぐに他人に頼ることのできる人だと、圧倒的に後者のほうが自分の使える時間はもちろんのこと、経験の面でも大量に学べることが多いでしょう。

最初に例に出した過去問の話もまさにそうです。

自分がわからないといって、すべてを完璧にするまでは過去問に取りかからないという人と、ある程度基礎は終わった段階で、すべて完璧ではなくても早めに過去問に取りかかって、時間を計って解き、傾向や出題パターンなどを実感し、そこから自分の苦手な分野を分析して対応する人では、大きな違いが生まれてきます。

私の生徒で東大志望の浪人生がいますが、彼は現役のとき不合格になってしまったのですが、私が教えはじめたときは浪人中の4、5月ごろでしたが、そこで去年なぜ自分が落ちたのかを考えたところ、理由はあまりにも単純で「過去問の演習不足」といっていました。

浪人になってから私が教えはじめて、まずはきちんと受かることを第一に目標設定をして、どんどん行動を起こしていき、過去問演習や、模試の復習などさまざまなことに、スピード感と行動力で対応し、どんどん成績を上げていったのです。

そうしたら、なんと今年の7月の模試で、東大A判定をとることができたそうです。

彼が私に報告してくれたときにいっていた言葉は、次のとおりです。「もちろん僕は浪人生ですし、夏なので現役がまだまだ力を出せていないというのもあるかもしれませんが、なにせ人生初でしたのでうれしかったです。でも、勝負はまさにこれからです。秋の模試でもA判定をとれるように日々頑張っていきます」

スピード感と行動力を持って、どんどん目標に向って前だけをみて頑張ってきた彼が、1つの「東大A判定」という成功体験を勝ちとるとともに、そこで立ち止まるのではなく、次は秋の模試に向けてどんどん軌道を上げつづけていくという、まさに行動を起こすことが生みだした結果でもあります。

私がつねにいっているのは、

- 「成功」の反対は「失敗」ではなく、「何もしない」ということ
- ものごとを知って覚えたら、まずは自分のできる範囲で行動に起こしてみる

そこでもし壁にぶつかってしまったら、自分一人で考えて立ち止まるのではなく、すぐにほかの人を頼って聞いてみるということ。

たったこれだけの違いでもまわりと圧倒的な差をつけることができるはずです。

これを私は「知覚動考（ともかくうごこう）」と呼んでおり、**受験勉強はもちろんこれからの人生においての軸となっています。**

大学に入っても、大学の勉強はもちろんのこと、TOEICやIELTS、また資格試験や自動車の免許試験だって同じようなことがいえます。

人間は「変化を嫌い、動きたくない生き物」なんです。

ただあなたは、自分を変えようと思って、もしくは興味本位でもこの本を手にとって真剣に読んでいるということだけでも十分な行動力の持ち主だと思います。

その本能に従っているばかりだと、自分で新しいことに挑戦するような行動を起こすことができず、つまらないストレスばかりの生活、いや人生を送ることになってしまうのです。

ただ私はこの本を手にとって必死に読んでくれているあなたを、なんとしてでも救ってあげたいという強い思いをもってこの本を書いています。そのため、勉強法を知って覚えるだけでなく、すぐに行動に移すスピード感を持ってください。

実際私のストーリーを振り返っても、チャレンジングな行動の連続が、奇跡を起こし、その積み重ねが今の自分を作っているのであって、どれか1つでも欠けていたら、まったく別の人生になってしまったかもしれません。

そういった意味でも勉強法、とくにマインドセットに関しては、自分の人生をよい方向に持っていってくれる最高のパートナーとなるわけです。

マインドセットに関しては第4章でもお伝えしていますので、「知覚動考」はもちろんのこと、どんどん吸収してあなたの潜在意識に植えつけて、これからの受験勉強だけでなく、人生も豊かにしていきましょう

情報弱者だけには絶対になるな！

はっきりいいます。「受験勉強において情報弱者は圧倒的に不利になります」

一番重要な情報は、あなたの志望校に関する情報だと思います。

さすがに過去問なんてあるとは知らなかったなんていう人は、いないと思いますが、たとえばあなたが東大受験をするとして（もちろん他の大学でも当てはまることはありますが）、

これから私がお伝えする10のことで、知らないことが1つでもあったら、危機感を持ってくださいね。

①大学受験本番では「定規」の使用は禁止されている
②東大合格しても、指定の手続きを期限内に終わらせないと入学できなくなる
③東大英語では、リスニングの配点がどの分野よりも一番大きい
④東大の数学の第1問がここ数年完答しやすい問題になっている
⑤東大の二次試験の理科では、物理・化学・生物のほか、地学も受験できる
⑥東大の二次試験の社会では、日本史・世界史・地理のみしか受験できず、倫理・政治経済は含まれていないが、センター試験なら倫理・政治経済も受験できる
⑦大学受験本番の服装は、とくに地方高校生では制服で受験する人が多い
⑧東大の理科社会では、150分間で2教科解かなければならないが、各教科の時間配分は定められておらず、多くの人が時間配分を意識して過去問演習をおこなっている
⑨東大英語では「はさみ」を持ち込まなければならない
⑩東大の受験番号は氏名のあいうえお順につけられているため、自分のまわりは同

じ名字あるいは同じ頭文字の人ばかりである

どうでしたか？

必ず知らなければ受験できないということではありませんが、とくに1なんかは知らないと、入試本番で焦る人もいたかもしれません（とくに数学や物理で定規を使う癖のある人）。

また私が高校生に戻れるなら、6をとくに意識して選択すればよかったなと思っています。

私はセンター試験の社会を地理で受験したのですが、当時世界史・日本史・地理しか受験できないものだと思っていたからです。

たとえば社会の科目のなかでも、現代社会、倫理・政治経済は、東大の募集要項では選択できないようになっていますが、「倫理・政治経済」は選択できることを東大に入ってから知ったのです。

つまり最近の東大の理系では、「世界史、日本史、地理、倫理・政治経済」の4科目のうち1つを選ぶということになっているのです。

東大に入学して早々クラスでコンパがあったのですが、入る予定のサークルの話やアルバイトの話もしましたが、たまたまその前日にセンター試験と二次試験の得点開示があったので、受験のことについての話で盛り上がったときに、初めてそのことを知ったのです。地理が勉強しにくかったというわけではないのですが、話を聞くと「倫理・政治経済」はほかの3科目と比べると、比較的少ない勉強で8、9割とれるようになり、また満点も狙えるということを聞きました。とくに理系からすると社会以外の科目が重要になってくるので、社会に費やす時間をおさえるためにも、「倫理・政治経済」を選択しておけばもっと楽になったのかなと思うこともありました（もちろんさまざまな意見がありますが、そもそも受験のときには選択できるとは知らなった自分はおろかでしたね（笑））。

またほかにも、これは100パーセント正しいわけではないのですが、4の東大数学の第1問についての話です。実際過去5年分を見てみると、もっとも正答率が高い、完答しやすい問題が第1問になっていることがわかります。

偶然だろうという声もあるかもしれませんが、私が噂か何かで聞いた話によると、昔、めちゃくちゃ数学が得意で、数学の東大模試でほぼ満点しかとったことがないという人がいたのですが、入試本番たまたまその年の第1問が一番難しい問題だったそうです。

その人は解く順番とかは気にせず、毎回第1問から解いていったみたいなのですが、「満点をとらなきゃ」という思いから、一番難しい第1問に半分以上の時間をかけてしまい、結局ほかの問題は十分に解けずに終わってしまったそうです。さらにその人は、他の科目はあまり得意ではなかったこともあり、合計点で最低点にあと4点足りずに落ちてしまったそうです。

その年に他の受験生でもそのような人がいた（第1問以外白紙が多かった）からか、最近、東大側が「受験生の緊張をほぐす、つまり普段の実力で勝負してもらいたいために、あえて最初の問題を解きやすくして、自分のペースを上げていってもらいたい」というメッセージを送っているようです。

真偽は定かではありませんが、嘘か本当かという問題よりも、実際の過去問を見ても、そのような傾向になっている場合が多いのです。

もちろん一番よいのは、どのような問題が出ても冷静になり、できない問題があればきっぱり捨てて、ほかの解ける問題から先に解いてみることです。

ただこのことを知っているか、知らないかで自分の精神的な不安がかきたてられ、変に緊張してしまい普段どおりの力が出し切れないことだって考えられます。

ですので、まずは自分の志望校について公式ホームページや、赤本、また合格体験記など、その志望校に詳しい人であったり、受験をした人の話を聞いてみたりすることが一番だと思います（実際私が受ける前の年では、数学の試験中に地震が起きて、教室によって時間が5分ほど延長したというケースもあったみたいで、それに一番驚いていました）。

また受験前日は必ず下見をすることをおすすめします。

とくに地元で受験しない人は、受験当日の2日前からホテルを予約しておいて、前日にゆっくり下見ができるような計画を立てておくとよいでしょう。

またホテルも、ほかの受験生はいつくらいにどこを予約しているのかという情報も、受験勉強とは直接は関係ありませんが、実際大切になってきます。

自分で調べてみることも大事ですが、もしどうしても時間がないようであれば、ご両親にお願いして、ホテルの予約とかはやっておいてもらったほうがよいです。

ほかにも、受験当日は必ず親と一緒に来てもらったほうが安心できることも事実です。

私の場合でも風邪をひいてしまったときに、薬を買ってきてくれたり、ホテルから東大までのルートを調べてくれたり、いろいろ自分では気がつかないようなこともサポートしてくれましたし、受験当日には、不動産屋さんを回ってもらって下見や仮予約もしてもらうことだってできます。

勉強法はもちろんですが、このように受験全体に関する情報を知っておいたほうが、あなたが今思っている以上に受験当日安心して臨めますので、そういった意味で「情報弱者になるな」ということは肝に銘じておいてくださいね！

知らなきゃ本当にもったいない！グループ学習で飛躍的に成績を上げるメソッド

「受験は団体戦」という言葉を聞いたことがありますか？

よく学校や塾の先生が、受験生に向かって発する言葉の有名な代表例ではないでしょうか？

実際私も受験生のころ、よく学校の先生がこのフレーズおっしゃっていたのを覚えています。ただ当時は、「受験は団体戦」なんて違うんじゃないか……

「何てこと言っているんだ。受験は個人戦でしょ！」と、ずっと思っていました。

私は中学のころ、卓球部だったこともあり、団体戦と聞くと卓球の団体戦を思い出します。

個人戦と違う最大のポイントとしては、「一人のミスを他の人が補える」もしくは「自分が勝っても、他の人がミスするとチームが負けてしまう」ということがあげられます。

これを受験に当てはめたらどうでしょうか？

自分がミスをしても、他の友だちがよい点数をとってくれたら一緒に合格できる。あるいは自分が合格点をとれていても、他の友だちが圧倒的に悪い点数だと、どちらも合格できない。

そんなことってありうるでしょうか？　こんなことがあったら、大変恐ろしいことになっていますよね。

ただずっとそう思っていた自分は、受験が近づくにつれて、考えが１８０度変わっていったのです。つまり、「受験は団体戦」という言葉に隠されていた、本当の意味を理解することができたのです。

この意味に気づかされた一番の体験談が、今回お伝えする「グループ学習」です。

グループ学習という言葉は聞いたことがあるかもしれませんが、実際やったことがないという人や意味を感じられないと思っている人がいるかもしれません。

でも今回具体的に私がどういうことをやっていたのか、そしてこのグループ学習によって、飛躍的に成績を上げることができた秘密のコツをお伝えしたいと思います。

私の大好きな、そして人生を大きく変えてくれた『ドラゴン桜』というマンガにも、このグループ学習の効果が描かれています。

この本ではグループ学習のことを、「スクラム勉強法」と呼んでいますが、この勉強法は暗記ものの多い科目、とくに社会を勉強するときにやってみるとよいと書かれていたこともあり、センター試験で「地理」を選択した友だち二人と一緒に地理の勉強をしていました。

高校1年生のころから仲がよかったSくんとTさんと私の三人で、2週間に1回程度グループで集まって、勉強会を開いていました。

具体的には山川出版の『センター試験への道』という参考書を三人でそれぞれ買って、みんなで「次に集まるときまでにこのページからこのページまでやろう！」ということを決めて、各自資料集や参考書、また過去問の答えなどを見て、一緒に勉強していました。

その本はセンター試験の過去問を単元別に載せていたものでしたが、実はただ解いて丸付けするというものではありません。

1問1問について、みんなで、

「この選択肢はこういう理由で間違っているんだよね」

「実はこういう考えでこの問題を解くこともできるんだよ～」

「意外とココが他の問題でもよく出る頻出パターンなんだよね」

「他の問題にも応用できるめっちゃ面白いゴロ合わせを作ってきたよ〜」

「これって○○模試で類題が出てたよね〜」

など、答えの確認をただするのではなく、それぞれが考えてきた理由やゴロ合わせ、また類題などさまざまなことを話し合って勉強していました。

ここがグループ学習で飛躍的に成績を上げるコツなんですね。ただ問題を解くだけでなく、理由やゴロ合わせなど、自分の考えを一人一人しっかり話し合うことで、エピソード記憶として記憶が定着するので、忘れにくくなるんですね！（詳しくは第3章で）

また本当に自分の持っていなかった視点で考えられるようになったり、わからないことがあれば、全員がわかるまで話し合って一緒に解決したりと、とても充実した時間を過ごしていました。

このおかげで、普通理系の受験生は、「社会」への意欲が低い人が多いですが、私たちは学校のテストやマーク模試のときにも、地理を解くことが好きになっていたので、

「あっこの問題、みんなで話し合ったときにでてきたやつだ！」

「あのゴロ合わせで一発で解けるじゃん！　ありがとう〜」

「この問題、意外と盲点つかれたなぁ。しっかり復習して次のグループ学習のときに共有しよう！」

などなど1つ1つの問題を本当に楽しみながら、そして意味を持って解くことができました。

実際に地理はもちろんのこと、他の科目もわからないことがあれば、この三人でよく集まって勉強していたり、模試でいい点数をとったら、みんなで美味しいごはんを食べに行ったりもしました。

受験本番のとき、Sくんは大阪大学の薬学部を、Tさんは香川大学の医学部医学科を受験し、私は東大を受験するという、三人それぞれ違う志望校だったのですが、みんなで今まで一緒に勉強したこともあって、自分の合否はもちろん、ほかの二人の合否も大変気になっていました。

センター試験では、地理は2問ミスの94点をとることができ、他の二人も十分によい点数をとることができました。二次試験の後では私は自己採点をしてきっと落ちたと思って、半分泣きながら後期試験の勉強をしていましたが、合格発表のとき自分の受験番号を発見した当日に、三人も含めた塾のメンバー10人くらいで集まって、喜びを分ち合いました。

グループ学習していた三人全員が志望校に受かったことで、合格祝いをすることになり一緒に動物園に行ったり、ご飯を食べに行ったりしたことは一生の思い出です。

大学は離れていますが、夏休みや年末年始など帰省したときには、今でもよく遊んでいます（この前は車に乗せてもらいました（笑））。

こういうことを経験したことで、やっと「受験は団体戦」ということがわかりました。

もちろん自主学習、つまり個人戦としての受験も大切ですが、それに加えて積極的にグループ学習をすることで、ストレスを感じることなく、楽しみながら勉強できる。

それによって、自然と勉強へのモチベーションであったり、責任感もついてくるため、勉強時間が増え、成績も飛躍的に上げることができたのだと思います。

受験は団体戦というのは、入試の合否ではなく、それまでの勉強の過程が自然ともたらしてくれる目には見えない効果のことなんだと実感できました。彼らがいなければ合格できなかったかもしれない、と今でも思うほど感謝しています。

もしあなたがグループ学習をしていないなら、義務ではありませんが、簡単な形でもよいので、友だちと一緒に勉強をして考えを話し合うということをしてみてはどうですか？

それをするだけでも、記憶の定着や、ストレス軽減、勉強へのモチベーション増加などいろいろな効果がありますので、ぜひぜひ試してみてくださいね！

第3章

覚えたことを忘れず生かせる記憶術

第2章では受験勉強への大前提として、「これだけは守ってほしい」という勉強への意義、習慣化の仕方、重要なマインドセットについてお伝えしていきました。

第3章では、実際の勉強で使うというよりも、受験勉強の基礎となる「暗記」について、東大合格者の多くも実証している重要メソッドから再現性100パーセントの驚異の記憶術までをお伝えしていきます。

暗記法というと世の中にはたくさんありますが、今回、私の経験はもちろん、数々の東大生の話を聞いたうえで、厳選された「新時代の暗記法」をたっぷり凝縮して紹介しますので、早速今日から実践してみてください。

実際、5教科すべてで、この暗記法は活用できるようになっており、最後に各科目の具体的な暗記法をお伝えしていきますので、しっかりと集中して、そしてぜひ入試まで何度も読み返してチャレンジしてください。

第3章でお話しすることは、受験勉強だけでなくそれ以降の社会生活でも使うことのできる厳選されたテクニックとなっております。

では早速見ていきましょう！

脳科学から見る記憶の仕組み

「医学部じゃないんだし、脳科学的な記憶の仕組みなんて覚えなくてもいいんじゃない？」と思っている方もいるとは思いますが、もちろん医学部の脳神経の講義のように、いろいろな用語が出てきてしまうと意味がないですよね。

私もいろいろな勉強法の本を読んでいますが、脳の記憶の仕組みを伝えるときに、なかには難しい用語や事実を述べているだけで、実生活に役立てる具体的な方法が載っていないような本もあるのです。

そのため今回は、最低限覚えておくべき仕組みと、いかに記憶しやすくするためにどういうことを意識しておくべきかも具体的にお伝えしていきます。

受験勉強はもちろんのこと普段の生活で、何かを覚えたり記憶したりすることは頻繁におこなわれることです。ただ実は無意識のうちに人間の脳のなかでは、記憶を3種類にカテゴライズして保持されているのです。

その3つとは、

・**感覚記憶**　・**短期記憶**　・**長期記憶**のことをいいます。

3つの記憶の大きな違いは、記憶の保持している時間の長さです。

> **感覚記憶**↓数百ミリ秒〜数秒
> **短期記憶**↓15〜30秒
> **長期記憶**↓ほぼ永久

だといわれています。

普段何気なく歩いていていると、すれ違う人の顔や風景などが次々に視界に入ってきます。ですが気に留めることがなければ、よほどのことがない場合は忘れてしまいます。これこそが「感覚記憶」のことで、すなわち「とくに重要でないと判断されたもの」の記憶は数秒で忘れてしまうのです。

膨大な量の情報が入っては消えていく感覚記憶のなかで、意味がある情報だと選択・判断された情報だけが、次の短期記憶に送られます。

友だちに「ここに電話しておいて！」といわれたときに、その電話番号を少しの時間は覚えていますが、番号をプッシュしたあとはすっかり忘れてしまったなんてことはありませんか？

ほかにもこのように短い時間しかもたない記憶を「短期記憶」といいます。

短期記憶で情報を、ある程度の時間、ある程度の質（強度）で記憶することができると、その情報は「長期記憶」に転送されます。

自分の家の電話番号や住所、また自転車の乗り方などは、何度も使うため意識しなくても忘れてしまったということはないですよね。このように、感覚記憶で選択され、短期記憶で保持し強化した情報を、長期にわたって半永久的に貯蔵される記憶を「長期記憶」といいます。

よく「すべての情報が長期記憶になってくれればよいのに！」なんていっている人もいますが、それだとどういう弊害が起こるかというと、予想がつきますよね。

見るもの聞くものの情報をすべてキャッチしてしまい、町中すれ違った人全員を記憶してしまう状態が当たり前になるので、かなりストレスを感じ、またすさまじい情報量になってしまうため、脳がパンクしてしまいます。

そうならないためにも、3つの種類の記憶があり、無駄に情報量を使わないようにしているのです。ただその反面、英単語や古文単語のように、しっかり暗記したいものに関しては、脳科学的にも、「感覚記憶→短期記憶→長期記憶」の流れで覚えていく、すなわちうまく長期記憶に持っていくことがカギになるのです。

長期記憶するうえで、大脳にある「海馬」という器官がとても重要な働きをします。海馬というのは脳神経解剖学でも習うことなのですが、タツノオトシゴのような形をした器官です（私はタッツーと呼んでいます）。このタッツーこと、海馬くんは人間が新たに長期記憶をするときに働いていると考えられています。

ただし、この海馬くんは実はとても繊細で、というのも酸欠とストレスに弱いという特徴があるのです。酸素が足りないということは日常生活でほとんどないと思いますが、ストレスは日常生活を送るうえでつきものといっても仕方がないですよね。

海馬くんが繊細ということは、ストレスや、それによる精神的な病気で、海馬の機能が低下してしまいます。それくらいデリケートなんですね。

そのため、受験勉強でもストレスをためすぎると、ストレスで海馬の機能低下が起きるかもしれません。英単語を覚えるにしても、文法を覚えるにしても、試験などで暗記するときに、いやいや勉強している人は、ストレスも溜まってしまい、暗記効率がとても悪くなってしまうのです。

ここまでは聞いたことのあるという人も多いと思いますが、それでは受験勉強に関して、この記憶の仕組みを使って、脳科学的にどう応用していけばよいのか？　ということがとても気になりますよね。それでは、これから具体的に話していきましょう。

長期記憶をガッチリ作るには？

人の短期記憶は「穴の空いたバケツ」だとたとえられることが多いようです。どういうことかというと、つねに知識という水を注いでも、底のほうから漏れておりそれを完全に止める術(すべ)はないのです。

ではどうするかというと、方法は2つあります。

①知識を注ぎつづけるということ
②バケツに空いている穴を小さく、そして少なくしていくこと

この2つしかありません。

イメージは湧いてきたと思うので、それを踏まえて2つの対処法について具体的に説明していきましょう。

先ほど記憶には「感覚記憶↓短期記憶↓長期記憶」の流れがあるといいましたが、短期記憶から長期記憶になって定着するまでに、3段階のステップを経る必要があるということはご存知でしたか?

その3つの段階とは、①**記銘段階**、②**保持段階**、③**想起段階**の3つです。

①**記銘段階**↓単語や文字、式を覚えようとする段階
②**保持段階**↓覚えた情報を脳の深くまで刻み込み、知識を維持する段階
③**想起段階**↓試験などで必要な知識を思い出して、アウトプットする段階

たとえばあなたが、英単語を覚えるときを思い出してください。この3つの段階のうち1つでもやっていなかったら、相当効率の悪い暗記になってしまいます。

勉強は、復習が大事だとよくいわれると思いますが、それは、①記銘段階→②保持段階に持っていく作業なんですね。

受験に関しては、膨大な範囲であり、そして長期的に覚えておく必要があるため、すぐに忘れてしまう短期記憶から、ずっと覚えていられる長期記憶に移す作業が重要なのです。

この復習というのは、先ほどのバケツのたとえだと、バケツに知識を注ぎつづけることと同じような意味になります。

よく英単語の覚え方で何を優先すべきか?

という質問を受けることがありますが、例外なく定着率をあげる優先順位として一番高いのは、「頻度」なのです。

1回で完璧に覚えようとして、1つの単語に1分以上費やして、100個英単語を覚えようとする人が意外にもたくさんいます。私も実際そういう勉強をしたことがあるので、とてもお気持ちはわかります。

ただ、そういう勉強法だとどういう不都合が起きるかというと、まずは時間対効率がとても悪いということ（100単語／100分）、またそれだけでなく、意外と翌日に忘れてしまうということがあげられます。

私は今までの自分の経験や、教え子を見てきて感じたことですが、1つの英単語は最低でも5回は見たり聞いたりしないと定着しません。

1回に時間をかけて集中するというよりは、1単語10秒ほどを100単語をやり、それを3周するだけでも50分以内で終わるので、先ほどの場合と比べると、半分の時間で3周も覚えられています。

実際英単語の場合は、1時間以上時間をかける必要はないので、そのかわり日々このようにして、「頻度」をあげるということを優先して勉強していくことが大切です（復習の具体的なタイミングに関しては、後ほど詳しくお伝えしています）。

ただ単に復習をするだけだと、①記銘段階→②保持段階に持っていく作業で終わってしまい、③想起する段階が抜けてしまいます。

一番重要で、かつ残酷なことをいうと、この想起段階を怠っている人は、

「長時間勉強しても、模試や入試でほとんどまったく成績が伸びない」

という事態が起こります。

努力して勉強したら必ず結果が出るのではなく、「正しい勉強法で、十分な量をなされた努力は報われる」ということになります。

とくに受験勉強においては、ただ漫然と努力しただけでは、結果にすぐには反映しないことが多いようです。では、どのようにすればよいかというと、やはり「正しい勉強法」を理解しすぐに実践することなのです。

私はただ努力しているのに成績が報われないことを**「努力の方向音痴」**という表現をしています。今回長時間勉強しても、模試や入試で成績が伸びないという人は、残念ながら努力の方向音痴の典型的な例かもしれません。

ですが、安心してください。そういう人でも必ず私の勉強法を正しくスピード感をもって実践すれば、努力の方向音痴はすぐに解消され、短期間で爆発的に成績をあげることができるようになってくるので、けっして諦めないでくださいね。

逆に勉強した分だけ、いやそれ以上に効果を発揮するための勉強法としては、③想起段階を利用するかしないかが多く関わってきます。

この想起段階を利用した勉強というのは、簡単にいうと「問題や試験などの演習量をこなしていく」ということです。

英単語を覚える場合、復習サイクルを利用して定着していくことが重要ですが、それだけでは実際模試や入試で利用できるかといわれると、そうとは限りません。

英単語が定着した！　と完璧にいえるようになったとき、それは「問題を通じてその単語が出てきたとき」なのです。

文法や長文の問題を解いたときに、「何か見たことのある単語だけど、どういう意味だっけ？」という経験はありませんか？　そこで「あのときにやった英単語だ！」と思いついた場合でも、「結局わからずに調べたけれど、あのとき勉強した英単語だ」とあとから気づいた場合でもよいのです。

このような経験を経て覚えた英単語が、自分のなかで一番定着率が高くなってきます。

英単語ではなくても、数学でも同じようなことがいえます。

数学の場合、あとから詳しくお話ししますが、基本的にはチャートのような、基礎的な解法がのっている参考書を軸にして勉強していくことをおすすめしています。とくに受験生の場合は、その参考書だけではなく、問題演習用の参考書というのをセットにしてやりましょう。

まずはチャートで例題を解いて解法暗記をしていくことが大前提ですが、受験生の場合は先ほどもお伝えした演習量がカギになっていきます。

その場合、問題演習用の参考書（たとえば河合塾シリーズの『文系（理系）数学のプラチカ』）を並行してやることで、実際の問題で方針や解法が浮かんだ場合でも、そうでない場合でも「どこかで見たことがある」という想起段階がとても重要になってきます。

それがわかる場合でも、すぐにはわからない場合でも、解説を見る前にチャートで調べてみて解いたことのある解法を使った問題なら定着率は高いので、これから実戦的に活用することができるようになります。

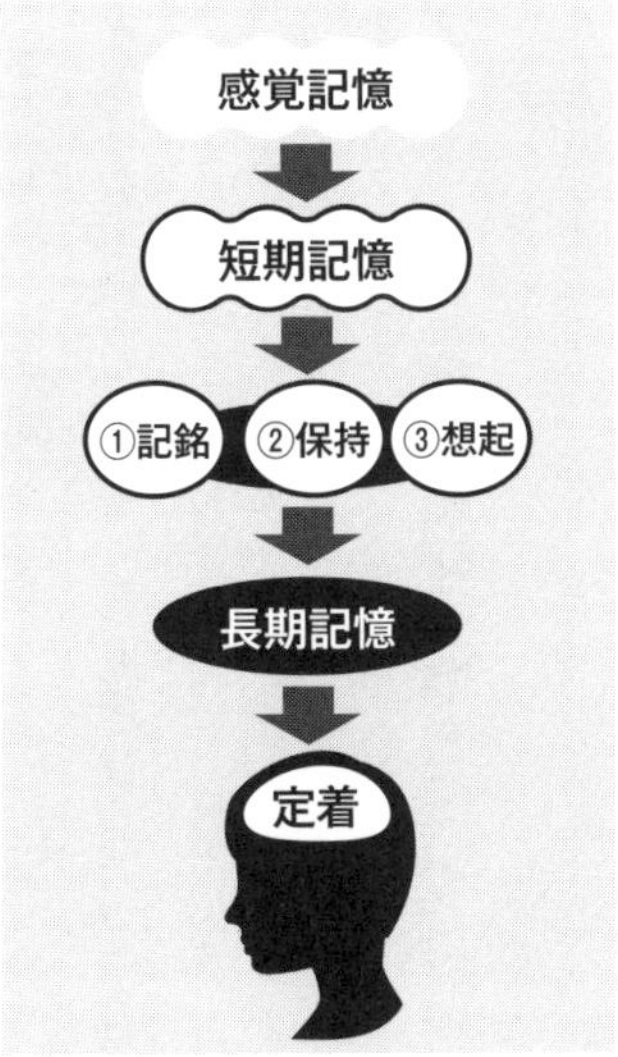

この想起段階を利用したものが、バケツの例でいうと、「穴を小さくしていく」作業に当たると思ってください。

③の想起段階を怠ると、「模試や入試で、見たことはあるけど解けない」という実戦的に使えない知識となってしまいます。

そのため、復習作業で①→②の段階へのシフトはもちろんのこと、③も意識して普段の勉強に取り組むことで、長期記憶がガッチリ保持され定着していきますよ！

エピソード記憶と意味記憶を使いこなそう！

暗記をするためには、長期記憶まで持っていくことの重要性は十分に感じられたと思うのですが、まだまだ厳選したとはいえ、使える具体的なテクニックはたくさんあります。

たとえば長期記憶といっても2種類があります。1つは「**手続き的記憶**」で、もう1つが「**宣言的記憶**」というものです。

手続き的記憶は、身体で覚える記憶で、長年自転車の運転をしなくても案外運転できるのは、脳が手続き記憶をしているおかげです。

もう1つの宣言的記憶ですが、これはとくに受験勉強の暗記に非常に強く関わってきます。

宣言的記憶にも2種類あり、それが「**エピソード記憶**」と「**意味記憶**」なのです。

エピソード記憶と意味記憶という2つの記憶について紹介し、すぐに今日からあなたの学習の手助けとなるように、上手な活用法もお伝えしていきます。

エピソード記憶は、なんらかのストーリーを含む記憶、つまり体験を通じての記憶のことです。たとえば、旅行に行ったときの経験や、スポーツの試合を見にいったときの記憶はエピソード記憶に含まれます。

この特徴としては、「頑張って覚えよう」としなくても、自然に覚えられることです。

私の友だちでも、小学校や中学校のときに海外に行っていた経験のある帰国子女が多いのですが、彼らは、海外で英語が通じなくて困った経験や、到着した翌日に財布をなくしてしまったことなどを鮮明に語ってくれます。

私も第1章で述べたようなストーリーは覚えようとして覚えたというよりも、自分の体験を通じて得たことなので、自然と言葉が出てきます。

実際あなたも、仮に何年前の話だろうと、とくに自分で体験したエピソードなどは、必死に覚えようとしなくても、自然に頭に入っていると思います。

それくらい**エピソード記憶というのは、覚えやすいだけでなく忘れにくいというのも特徴です。**

一方、意味記憶とは、いわゆるあなたが普段勉強するときにおこなう、暗記というタイプの記憶です。たとえば、テスト前に英単語を覚えたり、歴史の年号を覚えたりするように、文字だけで覚えるのが意味記憶です。

暗記の多い理科社会、たとえば化学では、無機化合物の色や性質などさまざまなことを覚えなくてはなりませんし、歴史では年号はもちろん出来事の名前や関係してくる人物や背景なども覚えなくてはなりませんよね。

つまりこちらの特徴は、覚えようと頑張らないと覚えられないことです。

この違いを理解したうえで、エピソード記憶と意味記憶のどちらを使って覚えるべきか？　という疑問を抱くと思います。

たいていの受験生は**意味記憶で暗記することが、勉強だと思っている人が多いので、「暗記することはストレスがたまること」だという固定観念を持っています。**

ところで今回お伝えするのは、意味記憶とエピソード記憶をハイブリッドさせるという新種の方法です。

意味記憶をエピソード記憶とハイブリッドさせる3つの方法をご紹介します。

その名も「EAT記憶」(イート記憶)です。

この頭文字のEATというのは、

Experience(体験する)
Active using(学んだことを使用する)
Talking(友だちと話す)

というものです。


このEAT記憶を用いることで、意味記憶をエピソード記憶とハイブリッドさせて、長期記憶として覚えやすい、そして忘れにくくすることができるのです。

まず1つ目のExperienceですが、これは「体験を通じて学ぶ」という方法です。

理科の実験とかがとてもわかりやすいのですが、小学校のころから理科の実験でいろいろな化合物について学んだと思いますが、どれが刺激臭があるというのは覚えていますか?

小学校で習うものとしては、アンモニアや塩酸、中学高校となると、硫化水素や塩素などいろいろな化合物が出てきますが、とくに小学校のころからお世話になっているアンモニアや塩酸は、実際嗅いでみた人はわかると思いますが、鼻にツーンとくるような、本当に強烈な刺激のある臭いですよね。

ほかにも硫化水素は、「卵の腐ったような臭い」という表現が教科書に書かれていることが多いですが、それだけでは実際、どのような臭いなのかわかりませんよね。

腐った卵を嗅いだことはありませんでしたが、実験で硫化水素を嗅いだときに、本当に的確な表現であることが実感できるくらいの腐卵臭がしたことは今でも忘れません。

ですので、硫化水素が腐卵臭というのは否が応でもわかりますし、それくらい実際に体験したことはそう簡単には忘れません。

臭いだけではなく化学の場合は色や容器なども覚えなければなりませんが、硝酸は褐色のビンに保存されていることや、銅イオンが含まれている溶液は青白色が多いというのも、実験を通じてわかってきました。

教科書を読み込んでいろいろな事実を覚えるよりも、このように理科ならば実験で、社会だとビデオや漫画でも十分経験として認知できるようになり、かつ忘れにくくなるので、ぜひ文字だけではなく学校の実験や、せめて資料集の写真を見て映像として覚えていきましょう！

2つ目のActive Usingですが、これは「学んだことを積極的に使っていく」ということです。

これは「知覚動考」や「想起段階」のところでお話ししたことと類似しており、大切なことは何度も言葉を変えて出てくるということがわかりますね。

たとえば英文法のある単元を覚えたときに、それで勉強を終わらせるというようなことはけっしてしません。どのような勉強でも必ず覚えたあとは、積極的に活用していくために、その範囲の問題演習をおこなって、定着度を測るまでは必ずその日のうちにやっていました。

またその問題演習を通じて、仮に間違えた場合でも「何がいけないんだろう」「じゃあどうしたらいいんだろう」と考えることが大変重要になってきます。

行動をしたうえで、失敗したとしてもしっかり参考書や解説を見て、何が自分に足りなかったを考えるプロセスが、脳にとっては「この情報は正しく理解すべき重要なことなんだな」と認識する作業になっていくというわけです。

また1回だけでなく、その日の夜や翌日に少し復習するだけでも、その情報が何度も何度も頭にやってくるわけですから、「また来たか！　これは相当重要なんだな」と脳はいやでも思うようになり、最重要事項として、しっかり使える記憶となっていくわけです。積極的に自分が覚えたことをできるだけ早く、積極的にアウトプットしていくことで、何度も失敗したとしても、ガッチリ頭に焼きつくため、「使える知識」として定着するわけですね。エピソード記憶は失敗と繰り返しを重ねることで強化されるというわけです。

3つ目のＴａｌｋｉｎｇですが、こちらは**「学んだことを人に話す」**ということです。

受験勉強というと、自分ひとりでの勉強ばかりに目がいきますが、東大合格者は一緒に切磋琢磨できる友だちと勉強していたという人が多いようです。

実際私も受験生のころは、友だちと自習室にこもって勉強しており、食事や休憩のときに、どういうことを勉強したかを共有して、クイズなども出し合っていました。

この自然とやっていた「ほかの人に話す」という行為は、実は記憶を定着させるのに大変効果があるといわれています。

ほかにもグループ学習というのを積極的にやっていました。

私も含めて友だちと計３人でグループを作って、社会（センターの地理）の勉強を山川出版の『センター試験への道』という問題集を使って、各自資料集やデータブックを読んで重要なポイントを話し合うということをやっていました。

そこでは、自分では気がつかないような視点や考えを共有できたり、またお互い覚えやすいように「ゴロ」を作ったりとても楽しんで勉強できました。そして実はこのグループ学習のおかげで、普通理系だと進んでやらない人の多い社会が、マーク模試などや学校の演習でも、「やったことのある！」の連続だったので、どんどん楽しくなっていきました。センター試験本番では2問ミスの94点をとることができました。


文系で京大法学部に合格した友だちがいましたが、彼の豊富な知識量に驚くことはたびたびで、あるときロシアの歴史について、1時間くらい道端で解説してくれたことがあるほどでした。

私は世界史選択ではありませんでしたが、わかりやすく話してくれたのでロシアの歴史について何も知識がなかった私でもある程度理解することができました。

彼にとっても話すことによってアウトプットでき、自然と記憶が定着していたと思います。


一流大学合格者は、自然と無意識のうちに、このように記憶の仕方、すなわちどうやったら覚えやすいかを会得している人が多いように思えます。

あなたが参考書を見て学び、その後問題を解いたら、ぜひ学んだことをそのままにしておくだけでなく、積極的に友だちや家族、もしくはSNSでもどんどん発信していくことが定着率を劇的に高めてくれるものとなりますので、ぜひEAT記憶を活用していきましょう！

覚えたことを強固にする復習のタイミング

長期記憶にするための1つの方法として、復習の重要性について語ってきましたが、とくに復習のやり方、「タイミング」って結構難しいですよね。

復習しなきゃと思っているけれど、他の科目のこともやらなければならない……。

そう考えると、泥沼にはまって動けなくなってしまう人も多いでしょう。

そんなあなたに朗報があるんです！

実はエビングハウスというドイツの学者が「記憶の忘却曲線」というのを発見しました。

この忘却曲線は、膨大な実証研究のなかから明らかになったもので、人間の記憶力と時間の関係性について、興味深いデータを提供してくれます。

このデータに基づいて「記憶力」と「復習のタイミング」について科学的に実証されている、そして東大合格者のほとんどが無意識にやっている、最大効率を生みだす復習の正攻法についてお伝えしていきます。

エビングハウスの忘却曲線が示唆していることとして一番覚えてほしいことは、「残念ながら人間は覚えたことをすぐに忘れてしまう」ということです。

下の図は忘却曲線を表わしていますが、曲線を見ればわかるように勉強してからわずか20分後には半分ほど、そして1日程度では7

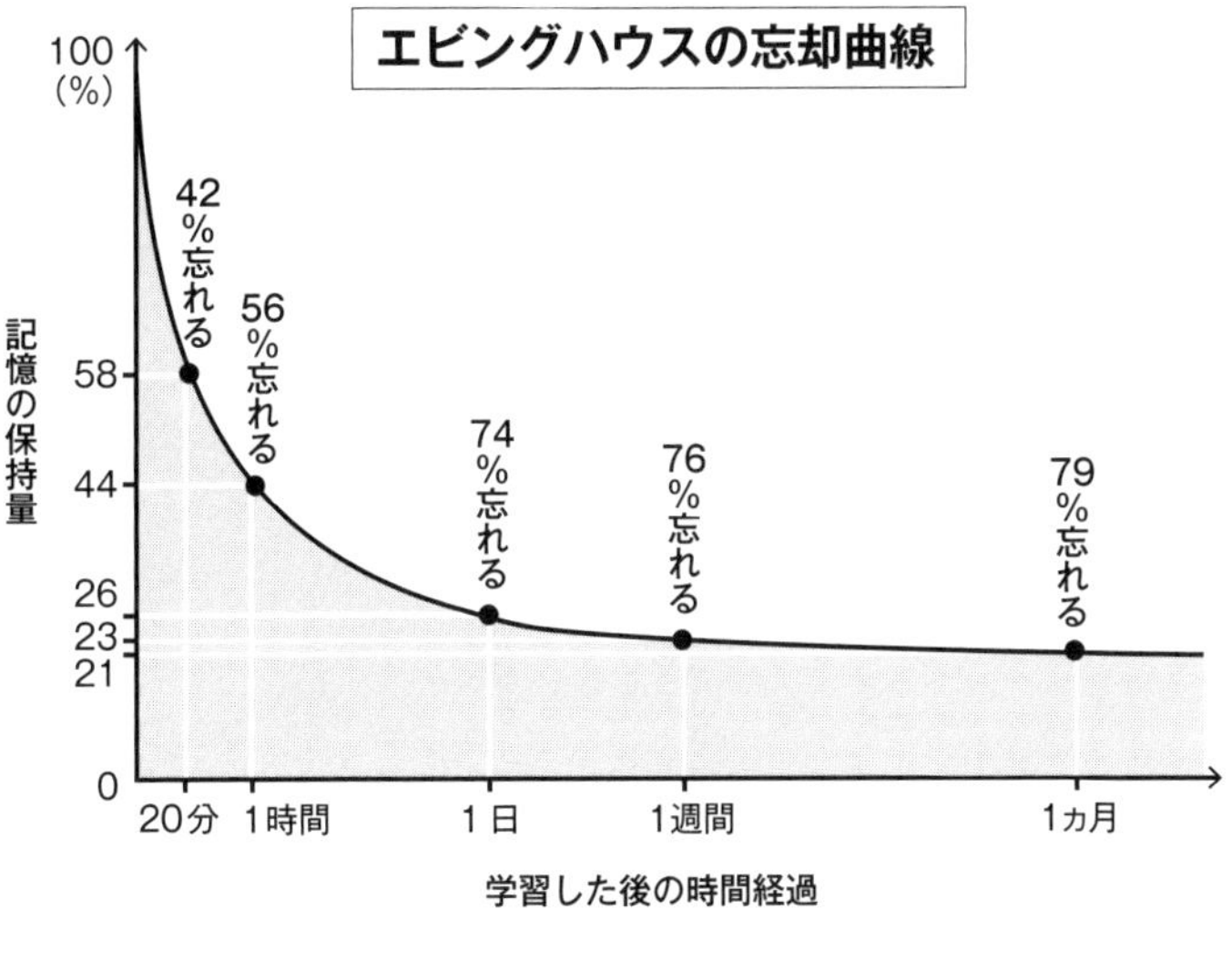

割ほども忘れてしまうのです。

人間の脳には容量がありますので、脳を整理するためにも、ある程度記憶を忘れることも進化の過程で獲得してきたと思われますが、予想以上にその忘却能力は強力であることを物語っています。

もちろんすべての人が同じ割合で忘れるとは一概にはいえず、たとえば体調不良のときや、寝不足のときなどはもっと記憶の保持量は小さくなってしまいますが、膨大な実証研究に基づいたデータであるため、一般にこのようなことがいえるといっても間違いとはいえませんね。

ですので、まずは**「勉強したことは当然に忘れるものだ」**という認識を持っておくことがよいと思います。

もう1つこの忘却曲線からわかる重要な事実があります。

それは**「忘れたころに復習をするのがもっとも効率的である」**ということです。

だいたい目安としては半分くらい忘れたころに、再び記憶し直すことによって、それまでよりも長い期間、記憶を保持していられるのです。

復習すれば再度100パーセントになるが、また1日で74パーセントも忘れていくのでは？

という意見があると思いますが、実際のところそうではないのです。

復習をすればどのようなよいことが起きるかというと、忘却曲線の傾きがゆるやかになる、すなわち復習の回数が多いほど忘れにくくなり、記憶が定着してくるため、長期記憶につながりやすくなるのです。

入試直前期の勉強はまさにこの典型例です。入試直前になると、今まで自分のやってきたことの復習をメインにもっていくべきということは、このことからも十分に理解できるでしょう。

実際、私も経験したことがあるのですが、東大・京大模試の物理では、一部の超進学校や予備校でしか習わないようなことが、解答解説に載っていることがあります。

エビングハウスの忘却曲線

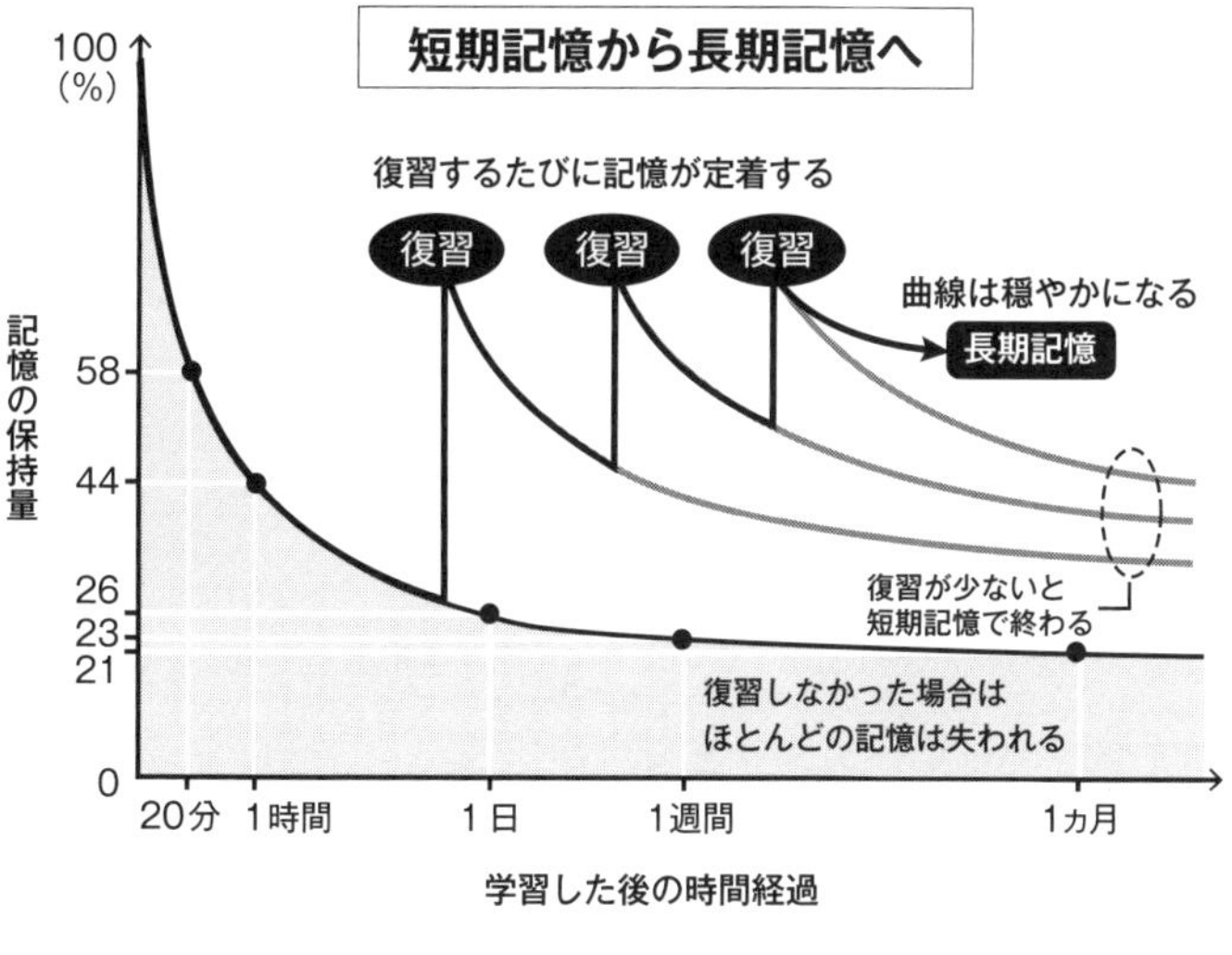

それは「微分積分」を使って物理を解くというスタイルです（実は微積物理は大学で習うようなことです）。

数学で微分積分は習うのですが、物理の問題に関しては、微分積分はほとんど使わずに解くというのが一般的です。ただ東大模試を受験したあと、物理の解答解説を見てみると、どの模試もなぜか微分積分の式が何行にもわたって載っていたのです。

もちろん解答解説を必死に読めば、物理の微分積分の意味自体はわかるのですが、模試では最初の式からいきなり微分が出てきますので、やはり微積物理がわかれば、物理の本質が見えてくるため、問題が解きやすくなるのではと思いました。そこで入試まであと1カ月を切ったころに、今まで習ったことのない微積物理をやろうと、学校の先生に相談してみました。

そうしたところ、微積物理は使わなくても、普段学校で習っていることで十分だよ、とおっしゃっていただいたので、結局深入りはしませんでした。

ただそれは先ほどお伝えした長期記憶に関する定着度を踏まえても、さすがに入試直前期に新しいことをやろうとしても、定着しないで終わってしまうことにつながり、結局は無駄になってしまったでしょうから、賢明な選択だったと思います。

私だけでなく意外にも多くの人が、**入試直前期にほかの人と差をつけるためか、新しい**

ことをどんどんやろうとしますが、それは定着率と時間を考えると、とても効率が悪いので、その時間はぜひ他の科目に充てることをおすすめします。

では、入試直前期は具体的に何をしたらよいかというと、ただ復習といって今までに解いたことのある問題（たとえば過去問）を復習することでもよいですが、それに加えて私が強くおすすめするのは、**「志望校の模試の過去問」に取り組む機会を必ず作っておくとい**うことです。

たとえば東大だと、河合塾は東大オープン模試が、駿台予備校は東大実戦模試が例年だと8月と11月におこなわれますが、実はその過去問を集めた冊子が販売されているということはご存知でしたか？　それはもちろん各科目あり、入試直前期の確認にも過去問と同じくらい、いやそれ以上に価値を与えてくれるものとなっているのです。

駿台予備校も河合塾にしても「○○大学の△△」というふうに、とくに志望校別の模試をやっている旧帝大なら一部の大学を除いてありますので、ぜひ自分の志望校に合わせてまずは模試を、そして入試直前期はその模試の過去問集を買ってみてください。

ただ買うとなると、1科目ごとに結構値段が高いので、私の場合は高校の進路指導室に、赤本や青本などと一緒に、模試の過去問集がおいてあったので、入試直前期はほぼ毎日進路指導室や学校の図書館で、その問題を解いていました。

もちろん解いて終わりではなく、わからなかったところの解答解説を見て、たとえば数学であれば参考書を開いて類題を見て解法パターンをチェックしたり、英語であれば、辞書と文法参考書を用意して、自分の知らなかった表現をチェックしたりすべきです。

つまり「入試に近い問題を解きつつ、内容に即した復習をしていく」ことが、今まで学んできた知識を再定着できるので本番への戦略としても最適です。

入試直前期ではなくても、「復習」の重要性は計り知れないほどです。たとえば私の場合は、勉強したら必ずその日の寝る前に（その日のうちに）復習し、その翌日、1週間後、1カ月後には、何らかの形で復習をするという習慣をつけていました。

1回の勉強ですべてを完璧にすることは、エビングハウスの忘却曲線からもわかるとおり、非常に困難です。ですので、しっかり**復習を習慣的に複数回おこなうことで、ようやく記憶が定着するということは覚えておいてくださいね。**

記憶のゴールデンタイムと脳のゴールデンタイムを活用しよう！

復習やアウトプットをしていくことで、記銘段階↓保持段階↓想起段階となって長期記憶になるということはわかりましたが、もっと効果的に定着させる方法として、**「記憶の定着のゴールデンタイム」**と**「脳が活発になるゴールデンタイム」**があることをご存知でしたか？

受験生になると、1日の勉強のタイムスケジュール、そのなかでも朝型か夜型かどちらがよいか悩む人が少なくありません。

そんななか、この2つのゴールデンタイムを知って実践するだけで、記憶の定着率や勉強の集中力が上がるだけでなく、成績UPに直結していきます。そのくらい再現性の高く、実戦的な勉強法をお伝えしていきます。

成績の上がり方が劇的な人と、そうでない人の違いをすぐに見分けられる方法があるとしたらなんだと思いますか？　結論からいうと、それは「睡眠前と起床後」です。

この2つの時間が重要な理由、それは記憶と脳のゴールデンタイムだからです。

実は**人間の記憶が整理・蓄積して定着するのは睡眠中で、そのなかでもとくに午後10時**

から深夜2時までの4時間が、記憶の整理がおこなわれやすいといわれています。

この4時間は、女性の方だとお肌のゴールデンタイムなんていっている方も多いですが、それもそのはずで、この時間帯には成長ホルモンが豊富に分泌され、細胞の生まれ変わりが活発になるため、脳だけでなく、身体やお肌にも回復しやすい効果的な時間なのです。

また睡眠時間にも効果的な長さがあるのです。睡眠にはレム睡眠という、比較的浅い眠りと、ノンレム睡眠という深い眠りを、だいたい1セット90分で繰り返しています。

最近の研究では、この睡眠の種類は記憶の定着と非常に関連があるといわれているのです。

これから睡眠のメカニズムを解説していきますが、

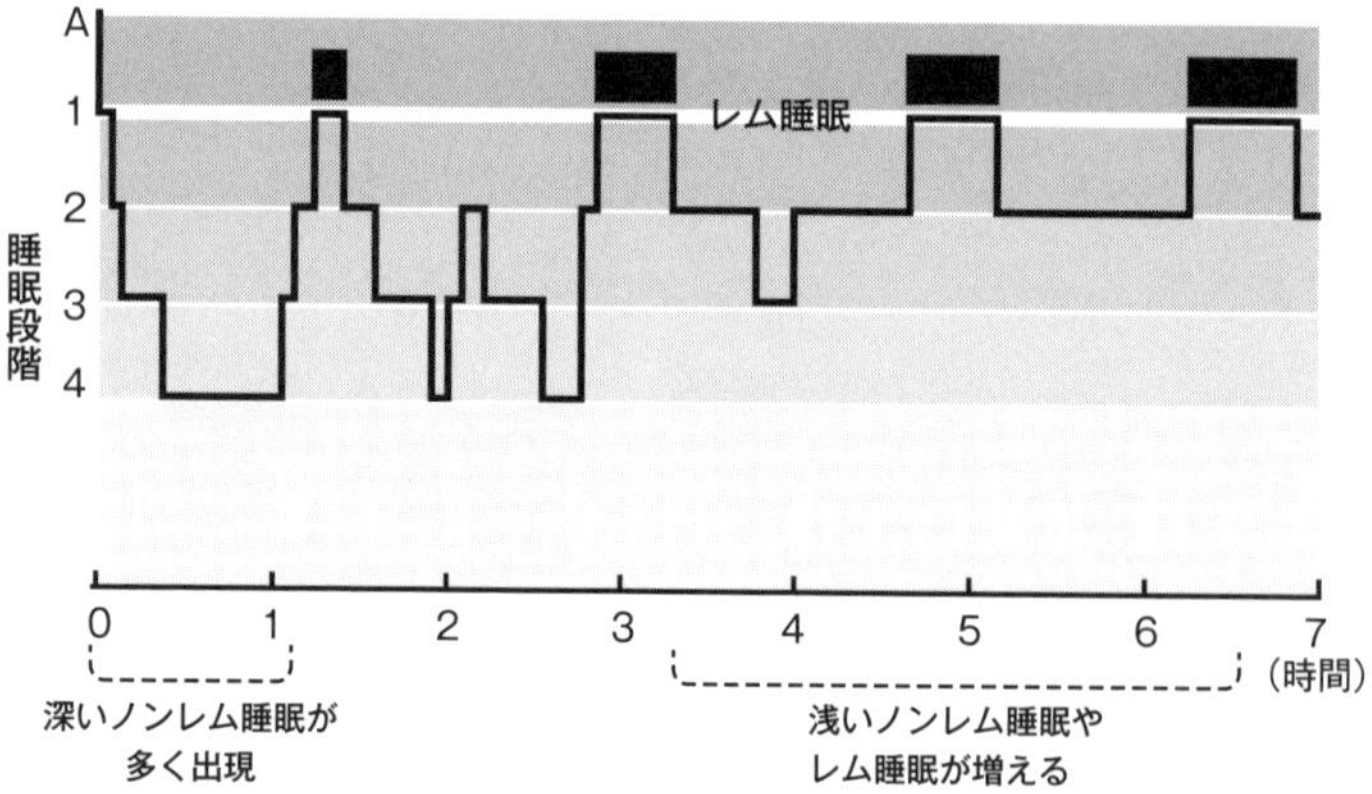

これは脳科学に基づいて証明されている事実なので、これを知っている人と知らない人とでは暗記に対する効果が全然違います。

具体的にいうと、基本的な睡眠として前半では深いノンレム睡眠が起こり、1時間半ごとにレム睡眠が現われ、この90分周期が繰り返されるのですが、3時間を過ぎたあたり、つまり2セットが終わったあたりで、ノンレム睡眠は浅くなり、またレム睡眠が増えてくるのです。

それぞれについて現状考えられている効果は次のとおりです。

深いノンレム睡眠↓脳を休める役割をしている
浅いノンレム睡眠↓手続き的記憶を強化し、体験した記憶を関連づける働きをする
レム睡眠↓エピソード記憶を強化すると同時に、すでに記憶したことと関連づけ、次回記憶を想起する際にスムーズにさせる

この効果を見てくれたらわかるとおり、レム睡眠とノンレム睡眠、とくに後者に関しては、そのなかでも浅いものと深いものの2種類あるのですが、訪れる時期と効果も違うと

いうわけですね。

深いノンレム睡眠ですが、おもに睡眠後1時間に訪れます。ここでは脳を休ませる役割をしていますが、実は脳は身体全体の5パーセントの重量なのに、基礎代謝は身体全体の20パーセントを占めるといわれるくらい、非常にエネルギーを使っているのです。

そのためまずは脳を休ませるためにこのノンレム睡眠が先行して訪れるのですが、「寝入り端に泥棒に入られても気がつかない」といわれるくらい、大変深い眠りなので、少々ゆすったくらいでは目覚めません。

また、ある日友だちと喧嘩して寝る前までずっと怒ったり悩んだりしていたけれど、翌日起きたら気持ちがスッキリしていたという経験はありませんか？

実は深いノンレム睡眠には、「いやな記憶」を消去する役割もあるといわれています。

そのため、もし就寝後間もないときに起こされてしまうと、いやな記憶や感覚が消えず、心が癒されないこともありうるということですね。

ちなみに浅いノンレム睡眠は、手続き的記憶を強化するのですが、手続き的記憶の内容は覚えていますか？　この章のはじめのほうでお伝えしていますが、念のためもう一度説明すると、身体で覚える記憶で、長年自転車の運転をしなくても案外運転できるのもこのためです（よい復習になりましたね！）。

この浅いノンレム睡眠は、自分の体験した記憶を関連づけることもするので、これがないとたとえばスポーツならば、その日一生懸命練習したことが十分に身につかないということにもなりかねません。

ノンレム睡眠のあとに起こるレム睡眠は1時間半ごとに起こるのですが、睡眠の90分周期が繰り返されるごとに、レム睡眠の長さが長くなっていきます。

私たちが普段勉強するときの記憶を定着させるうえで一番重要なのがこの「レム睡眠」なのです。**レム睡眠は長期記憶として定着させる働きや、記憶を想起しやすくする働きがあるのです。**このレム睡眠がないと、つまり短時間睡眠になってしまうと、記憶が定着、想起しにくく、勉強の効率が悪くなってしまうのです。

そのため一夜漬けをよくする習慣にある人は、超短期的には記憶は残っていますが、試験が終わるとびっくりするほど忘れてしまい、入試までに使える知識にならないことが多いので、もしあなたが一夜漬けマニアなのであれば、次も一夜漬けしたら入試で落ちる！というくらいの覚悟で、習慣を変えていきましょう。

寝る前の1時間で記憶が焼きつけられる

睡眠に関しては、私も受験生のころは夜12時までには寝て、朝6時ころに起きる生活が習慣化されていたので、今思うととても効率的だったなと思います。

実際、ほかの子を見ると、深夜2時や3時まで勉強するも、翌日寝不足で頭が冴えず、ひどいときには学校の授業中に眠っている人もいました。

最初は「みんなより毎日2、3時間少ない勉強時間なので、差をつけられているかも！」と感じ、少し焦っていましたが、その分学校にいるときは頭が冴えていたため、休憩時間や自習時間にはほかの子が寝ているなか、しっかり自分の勉強に集中することができました（私が負けず嫌いな性格というのも、このことを成しえた要素の1つだと思います）。

睡眠のメカニズムに関していろいろな視点からあげていきましたが、簡単にまとめると、**「6時間、または7時間半睡眠がもっとも効果的」**だといえるでしょう。

また記憶のゴールデンタイムは、午後10時から深夜2時といわれていますので、受験生ならば、できるだけ夜12時前には寝るようにしましょう。

とくに暗記学習をするうえでもっとも覚えやすい時間は、寝る前の1時間！　ここを逃してしまうと顕著に効果が薄れてきてしまうといっても過言ではありません。

睡眠中に脳が「要る情報」と「不要な情報」を分けて整理し、「要る情報」として判別された記憶が頭に残っていくシステムになっていますが、それはどれほど印象に残っているかどうかが分かれ目になってきます。

簡単に印象に残すためには、単純で「その日の最後に見る」ということが重要になってきます。そのため夜に英単語や古文単語などの暗記ものをやるというのもよいですし、それだけでなく昼間覚えたことでもよいので、もう一度寝る前に復習するという習慣をつけていきましょう。

昼間覚えたことが大量にある場合は、ノートやテキストを読み返すだけでかまいません。そして「ここが難しかったから、もう一度見直しておこう」とか、「これは簡単だったから、軽く触れていこう」というように優先順位を決めて復習していきましょう。

覚えたあとにしっかり睡眠をとることで、普段以上に脳に記憶を「焼きつける」ことができるというわけですね！

朝一番のタイミングにあった勉強法

これが記憶のゴールデンタイムの正体ですが、もうひとつゴールデンタイムがありましたよね？　そう！「脳のゴールデンタイム」です。

脳のゴールデンタイムは、起床後2、3時間後といわれており、1日のなかで一番脳が活発に動いており、思考を凝らすクリエイティブな作業が向いているといわれています。

逆に夜はクリエイティブな作業は向いておらず、暗記や復習などの単純作業が向いているといわれているほどです。

考えてほしいのですが、みなさんが今まで受けてきた定期テストや模試は、基本的には朝早くから昼ごろまでというのが多いですよね。この理由も考えてみたらわかるとおりで、夜と違って朝昼は脳が冴えているため、自分の力を最大限発揮できる時間が設定されているということなんですね。

最近朝活というのが流行っていますが、朝に何をしたらよいのかを知らないと、勉強がはかどらず逆にもったいない時間を過ごすことになってしまいます。

せっかく朝早く目覚ましで起きても、眠気がとれなくて布団から出られない。

朝の耐え難い眠気によって、ずっとぼーっとしてしまうなんて経験はよくありますよね。

この強い眠気というものは「睡眠慣性」というものが原因なのであり、眠気を感じること自体はあなただけではなく、多くの人にみられる自然なことなのですが、人によっては数分で消える人もいれば、目が覚めてから20分、30分も眠気がとれない人もいるのです。

この睡眠慣性は、目覚めたあともしばらくは眠気を引きずってしまっており、この眠気が消えて頭がしっかり働く、つまり脳のゴールデンタイムになるまでに2、3時間かかるというわけなんですね。

睡眠慣性を少なくするためにも、起床後は太陽の光を浴びたり、適度な運動やストレッチをして、脳や身体の血流をよくすることで、脳をクリアにさせていきましょう。

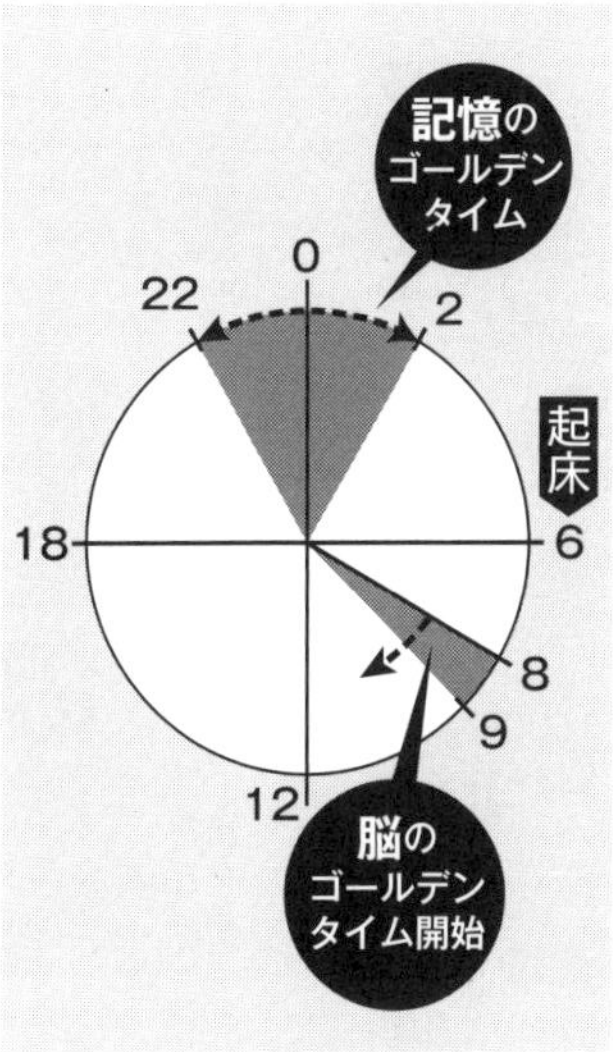

ただ朝一番は勉強をしないほうがよいというわけではなく、勉強のなかでも朝一番のタイミングにあった作業をすべきということです。

それはフルに頭脳を駆使する必要のない少ない作業。たとえば数学や物理などの計算問題や、前日の夜にした暗記ものの復習、また軽く英語のリスニングなどがおすすめです。

逆に朝起きてすぐに、国語や英語の長文問題を解くというのは、集中することができないため、そういう思考力を必要とするものは、脳のゴールデンタイム、つまり起床後2、3時間後にやったほうがよいということです。

就寝前と起床後に関して「効果的な勉強の内容というものがある」ということを知っている人と知らない人では、とんでもない差がついてしまう、そのくらい重要なことなのです。

また寝る前に「やることリスト」の作成もしていれば、次の朝からやりたいことが決まっている状態なので、それに向けてしっかり起きられるはずです。

起床後は単純作業のなかでも自分のやりたいこと（数学が好きなら数学の計算問題とか）を設定しておくと、毎朝早起きへの意識が変わってくるはずです。

しっかりこの記憶のゴールデンタイムと、脳のゴールデンタイムを意識して、今日から早速生活リズムを変えて、記憶が定着しやすい習慣にしていきましょう！

記憶を妨げる食習慣ではないですか？

「あなたは、あなたが食べたもので、できている。」

このスローガンをもとに、味の素が、スポーツ選手のトレーニング現場での食事シーンを紹介しながら、〝食べることの大切さ〟を伝えたCMが、高校生のころとても印象に残ったことを今でも覚えています。

実際、受験勉強は量だけをひたすらこなせばなんとかなるという発想だと、勉強の質・効率が落ち、また病気や体調不良にもなってしまい、逆効果になる可能性が高いです。今回は記憶の定着を高めるうえでの、食習慣について意外な新事実をお伝えしていきます。

深夜遅くまで勉強をして、朝起きたらすぐ着替えをして、朝ご飯も食べずにあわてて自転車に乗って、遅刻寸前で学校に到着！

授業はお腹が空いて全然集中できなくて、昼休みになるまでずっと我慢……。

昼食では朝食を抜いた分がっつり食べたものの、そのあと眠くなってしまい、今度は眠気で集中できずに、ひどいときは授業中寝てしまう。夜、家に帰ってきてからテレビを見て夜ご飯を食べ、今日勉強してない！　と思い、そのあと深夜まで勉強するという、負のループになってしまい、全然知識が定着しないという悪習慣。

少し大げさに表現していますが、実際に高校同期でも、またいろいろな中学生、高校生を見てきましたが、とくに夜型の人の生活は客観的に見るとこのような危険なものなのに、意外にも自分では気がついていないというケースが多いです。

この悪習慣を断ち切る方法は「睡眠」と「食事」、この2つがカギとなります。

睡眠は先ほどお伝えしましたが、今回は食事。そのなかでももっとも大切といわれているのが「朝食」で、朝食を抜きがちな受験生は受験勉強において、かなり不利になってしまいます。

朝食にはどのようなメリットや効果があるかというと、科学的なさまざまな研究から、朝食は栄養状態だけでなく、認識能力、学習能力、記憶力、精神的安定などに、重要な役割を担っていることがわかっています。

それくらい朝食は、脳のさまざまな機能に深く関わっており、受験勉強に取り組むうえで大変重要なものとなっていますが、この理由としてはおもに2つ存在します。

1つは朝食を食べることで、脳に血液を送り、栄養を補給するということ。

もう1つは、起床したあとまだ身体があまり働いていない状態でも、**しっかり噛んで食べることで脳と筋肉を刺激し、目覚めさせる**ことができるというわけです。

実は朝食はもう1つ、**体内リズムを整える効果**もあり、それによって自分の1日の生活リズムが改善され、そして睡眠の質も高めることができるのです。

受験勉強において、重要な「睡眠」と「食事」、それを朝食をしっかりとるか否かで、1日単位で見てもほかの人と大きく差をつけられ、1週間、1ヵ月となると、あなたの予想をはるかに超えるレベルで、学習効果に顕著な差が現われるのです。

朝食を食べることで、脳と身体を目覚めさせ、そして1日の集中力ややる気を上げることもできます。勉強の効率もそうですが、健康面でも朝食を抜くことはデメリットでしかありません。しっかりあなたの親が朝早く起きて作ってくれることに感謝するだけでなく、しっかりと朝ご飯を食べて学校に向かうことで、あなたもご両親も安心して1日を過ごすことができますよ。

食事の具体的な栄養素についてですが、私はすべて覚える必要はなく、そこまで気にしなくてよいと思っています。

たとえば青魚にはDHAというものがあって、脳機能を高めてくれるとか、ビタミンB1をとると疲れにくくなるとか、具体的に書けば1冊の本でも足りません。

ただそのなかでも最低限覚えてほしい、そして入試本番も使える厳選されたテクニックをお伝えします。それは必ず炭水化物、とくにご飯をしっかりとってほしいということです。


一昔前にノンカーボンダイエットという、炭水化物をあまりとらない食事をすればダイエットできるというのが流行りましたが、これほど脳や身体に負担を与えるものはないです（名前はとてもカッコいいですけどね（笑））。

集中力が減退して気が散ったり、うつ状態になったり、そしてストレスがどんどん溜まっていく状態で勉強できるか、というよりも生活できるかを考えてみたらとんでもないですよね。

糖や炭水化物をとることで、ブドウ糖という栄養素に分解されますが、脳が利用できるエネルギー源の栄養素はブドウ糖だけなんです。だからこそ、しっかり朝ご飯で炭水化物をとることは必ず守ってほしいのですが、受験生として模試や入試のときに切っても切り離せない問題が、試験の間の「昼食」です。

センター試験でも二次試験でも、朝から午後5時くらいまである試験がほとんどですので、昼食は自分で選んでとらなければなりません。

ほとんどの人はコンビニでごはんを買ってきますが、ここでも注意しておきたいことが1つあります。

「ブドウ糖をとらなければならないから、甘いものを昼食にしっかりとるために、甘いカロリーメイトやチョコレートをいっぱい食べましょう」ということを聞いたことがありませんか？

実際ブドウ糖を摂取するうえで、とくに受験生にはチョコレートを食べようということで、昼食にチョコレートだけを持っていく人もなかにはいますが、実は危険なことがあるのです。

甘いものを一度にたくさん食べてしまうと、炭水化物と違って、一気に血糖値が跳ね上がってしまいます。そうすると体のなかでインスリンという血糖値を下げていく物質が大量に分泌され、そのあと急激に血糖値が下がってしまいます。

それだと、脳へのエネルギーがすぐに尽きてしまい、本当に逆効果ですよね。

ですので、ブドウ糖をとるために、そして血糖値を急激に上げさせない一番のおすすめな方法は、やはり白米を中心とした炭水化物をとることなんです。

炭水化物は甘いものと比べるとブドウ糖になるまでゆっくり時間がかかるので、一気に血糖値が上がらず、腹持ちがよくなります。

これだと数時間は何も食べなくて大丈夫なので、試験中におなかが空くことがなくとても重宝しますよね。

したがって試験のときの昼ごはんは、私の場合はどの試験もおにぎりを買って食べていましたが、どうしてもチョコレートが食べたいという人は、一気に大量に食べず、少しだけ食べるようにすることです。または、カテキンが含まれている緑茶や、野菜などの食物繊維と一緒に食べましょう。

これらには一気に血糖値が上がらないようにする働きがありますし、また緑茶と甘いものの組み合わせは、虫歯も予防してくれますし、緑茶に含まれているビタミンCはストレスを緩和する働きもあるので、チョコレート好きの人にとってはおすすめの食事法ですね。

睡眠はもちろん食事もしっかりとらないと、いくら勉強しても学習効果は期待できません。

ただ勉強時間を増やすのではなく、こういった生活リズムから見直してみてください。

今日から変えられる実戦的なものとなっていますので、スピード感をもって始めること、そしてまずは3日継続することを目標に習慣をよい方向に変えていきましょう！

暗記ものはいつも楽しく『復習サイクル大作戦』

復習の重要性、睡眠、そして食事について振り返っていきましたが、これらを踏まえたうえで、今度は合格者の多くが無意識に習慣化している「復習サイクル」という話をしていきます。

人間の脳は覚えることよりも忘れることのほうが圧倒的に得意です。そのためある程度忘れてしまうのは仕方がありません。しかし暗記や復習などの勉強法をうまく工夫していくことで、覚えたいものをしっかり長期記憶にして、チューインガムのようにしっかりと脳に記憶をこびりつけることができるようになるのです。

さまざまな要素を含めたうえで、私が強くおすすめする暗記における最強のシステム、それが**「復習サイクル大作戦」**なんです。

この復習サイクル大作戦は、今までお伝えしたことを踏まえたうえでの勉強法となっていますので、いい意味で「復習」となっています。ただ「知ってる」「聞いたことがある」と思ってさらっと流すのではなく、一度聞いたことでも好奇心を持って、どんどん知識を取り入れる姿勢で読んでくださいね。

勉強においてどの科目でも「知る→覚える→行動する→考える」の順番でやることが大切です。具体的にいうと参考書や過去問などの演習量を積み重ねながら、間違ったところを解答解説や参考書を見て復習していくやり方が効果的でしたよね。

ただ一度で完璧にできる人はいないので、やはり定着させていくうえで復習が一番大事になっていきます。私も実際にやっていた超おすすめの「復習サイクル大作戦」は、復習のタイミングが重要になってくるのです。

では、一度目に覚えたことを次に復習するのはいつかというと、その日の「夜寝る前」でしたよね。エビングハウスの忘却曲線を見ても、そして睡眠のメカニズムを見ても、やはり寝る前に、解いたときのことを思い出しながら、テキストやノートを見返すだけでも十分に効果が現われます。

夜寝る前に記憶したことは、睡眠を経て長期記憶になりやすいということでしたよね（これも復習ですよ！)。

私の場合は基本、家で勉強せず、日中は学校や塾の自習室で友だちと勉強していました。というのも家ではやはりさまざまな誘惑があり、私は長時間集中することはできませんでした。とくに国語や英語の長文などは、集中できる環境がなければ効果は激減してしまうので、そのためにも休日も朝10時ころから夜の10時まで外で勉強していました。

ですが、家でまったく何も勉強しなかったかというとそうではありません。寝る前と起床後は勉強の種類をあえて変えて、それほど集中力を使わない勉強をしていました。

その正体とは何か？

もうおわかりだと思うのですが、ほとんどが暗記と復習ですね！

家で勉強するメリットとしては、やはり一番は声に出して勉強できることです。

寝る前の1時間は、自習室で勉強したことはもちろん、暗記ものなどをやるときでも必ず「声に出して」復習していました。

やはり新しいことを寝る前に、そして家でやるとなると、さすがに集中できず学習効果は無に等しくなってしまいますが、逆にそんな環境でも一度やったことの復習だと、声も出せてある意味考えることなく自由に勉強できるため、とても効果的な学習でした。

しっかり1回やったことの復習は1日の内に終わらせる、とくに**2回目の復習作業は「夜寝る前の1時間」がいろいろな要素を考えてみても最適なタイミング**になります。

じゃあ3回目の復習タイミングはいつかというと、（これも復習になりますが）「翌朝」になります。「寝る前」に復習した記憶が、睡眠中に長期記憶になるものと、残念ながらならなかったものが出てきますが、長期記憶に仕分けされていなかった、つまり忘れていたものをこの朝の時間で確認し、再度覚え直すことができるというわけです。

この**朝の時間を復習にあてることで勉強の効率は劇的に上がっていきます。**

私は夜12時までには寝るようにし、朝6時ころに起きるようにしていました。この習慣だと起きてから顔を洗って日光を浴びてストレッチをして、だいたい30分から1時間程度を使って復習でき、そのあと朝食を食べて学校に行けるので、とてもおすすめです。

夜型の人は、早寝早起きならぬ「遅寝遅起き」となっていますので、平日はとくに時間がなく焦って復習の時間もなく、そして朝食を食べずに学校に行ってしまうことを考えると、これだけでも大きな差が生まれてしまいますよね。

全員今すぐ朝型に直せとはいいませんが、毎日15分でもよいので、少しずつアラームの時間を早めて起きるようにしていき、そして通学時間や学校に着いてから授業が始まるまでの時間でもよいので、ぜひ復習してみてください。

次の復習は学校のない週末、とくに日曜日におこないましょう。この復習は1週間やったことの総復習になるので、だいたい私の場合は**日曜日の午前中の3時間程度は復習に時間をかける**ようにしていました。

この復習は定着を確認する「総復習テスト」だと思って取り組んでいました。テストがある場合だと、自分をよい意味で追い込むことができ、平日や土曜日にした勉強は、日曜日にはほぼ完璧にしっかり定着するためにおこなっていました。

実はこの方法はもう1つベネフィットがあり、それは模試に合わせた勉強ができるということです。模試は普通土日にありますが、普段からこの1週間ごとの復習をやっていくと、学校のない土日にしっかり合わせて勉強する習慣が整っているため、急きょ焦って模試に合わせて勉強することはありませんでした。

たとえるならば、**模試のない日曜日は、毎週「中ボス」を倒していくイメージ、そして1ヵ月ごとにある模試があるときは「大ボス」を倒すイメージ**で勉強をしていました。

これだと短期的な目標がしっかり決まっているので、戦略的にそして楽しみながら勉強することができるようになるというわけですね！

復習サイクル大作戦をまとめると、次のようになります。

①勉強するときは演習を中心に勉強をし、その時点で一度目の復習をする
（ここでの復習は、10分程度おこないましょう）
②夜寝る前の1時間でその日にした勉強の二度目の復習（60分程度）
③翌朝、昨日勉強したことを復習し、覚えていなかったものを再確認（30～60分程度）
④週末に1週間の総復習、この繰り返しで模試に合わせていく

この復習サイクル大作戦は、いったん定着してしまえば、あとは流れに乗るだけなので、あなたが思っている以上に負担は少ないわりに、学習効果を最大限あげることができるおすすめの勉強法となっていますので、ぜひ今日から取り入れていってほしいと思います。

あの有名な「ザビエル」が暗記に使える？

フランシスコ・ザビエルといえば、小学校の歴史で習った歴史上の人物でキリスト教を伝えに来た宣教師としてとても有名ですが、印象としてはほとんどの人が「肖像画」ですよね。

私が小学校のころ、同期の女の子が、よくフランシスコ・ザビエルの肖像画に落書きをしていたのをよく覚えています。当時船でわざわざヨーロッパから日本までキリスト教を布教するために、とてつもない努力をしたザビエルのことを思うと、今では大変落ち着かない気分になってしまいますが、ザビエルの髪型は、強烈的な印象を持たせてくれており、そのインパクトのおかげで、今でもザビエルといわれれば、あのイラストが頭に浮かんできます。

また小学校のころはよくザビエルに似ている人がいたら、あの人ザビエルに似ているかも！　あの人がキリスト教を布教してくれたのか！　などと現実と結びつけて考えていました。

なぜ急にザビエルについて語りだしたかというと、このほとんどの人が経験しているであろう、ザビエルのインパクトが、実は暗記に使えてくるのです。

ザビエル式暗記法という命名をしてもよいのですが、何が暗記に使えるのかというと『視覚的にイラストで、そして現実と結びつけて覚える』ということです。

暗記するうえで一番使われるのが、視覚的情報、つまり目で見たものです。

人間がさまざまなものから情報を得るときに、視覚が人間の認識の8割を占めているといわれています。

ただ普通の暗記、つまり意味記憶としての暗記だと、文字や単語を見てそれを覚えていくという作業が多いです。とくに理科・社会は最低限覚える暗記量が多いのですが、文字や単語だけの暗記では定着できません。

そうではなく自分になじみのない、またはどうしても覚えられないものに出会ったときは、文字だけではなくイラストを見たり、もしくはどんどん現実と結びつけて考えるということをおすすめします。

とくに化学は物質の名前だけでなく、性質を覚えるときにも、実験での反応の様子などを頭に入れておくと理解が速く定着していきます。ひたすら実験を見せる化学の塾があるという話も聞くくらいで、実際に視覚的に、そして現実に体験することは重要になっていきます。

化学だけでなく生物や地理とかもそうですが、私は図説や資料集などはつねに勉強する際に横において、問題を解いたあとその単元のところのページを見て、載っている写真をしっかり見て理解を深めていきました。

さらに地理だと、実際の世界の人々や山脈、河川、街の状況などを写真で見ることで（もちろん現実で世界各国をまわったことはありませんが）、各国の状況を知ることができ、それが問題を解くときの助けにもなりました。

また私の知り合いの東大文系の子も、この意見にとても賛同していました。

歴史は自分では体験はできませんが、歴史の漫画をよむことで、ストーリー性がわかることはもちろんのこと、当時の状況をあたかも実体験しているかのように感じることができ、それが問題を解くときにも役立ったみたいです。

ただ単に時間をかけて何度も書いて覚えるというよりは、**いろいろなアプローチの仕方で暗記をしていく、つまりどんどん自分のなかで工夫していくことが、暗記のコツ**にもなっていきますので、ぜひ実践してみてくださいね。

記憶における反復作業の重要性

東大法学部を首席で卒業し、現在弁護士の山口真由さんという方をご存知でしょうか？

この方は、東大に入ったあと、3年生のときに司法試験、翌年に国家公務員Ｉ種に合格し、学業成績は東大4年間を通じてオール優で、4年時には法学部における成績優秀者として総長賞を受けたほど、超優秀な方なのですが、そんな山口さんがおこなっていた勉強法が「7回読み勉強法」というものなのです。

どういうものかというと、基本は教科書7回読むこと、ただそれだけだそうです。

1〜3回目で意味にとらわれずにサラサラ読むことで、全体像を把握し土台を作る段階、4、5回目で理解度が飛躍的に高まり、6、7回目は、細かい部分まで含めた最終確認だそうです。

この方法をやることを推奨して終わり、というわけではありません。どうしてこの具体例を出したかというと、このことは暗記における反復作業の重要性を物語っているからです。

この具体例からわかること、それは「暗記は1つの参考書で木を育てていく」ということです。

大学受験で一流大学に合格するには、難しい参考書を何冊もこなしていかなくてはならないのでは？　と勘違いしている人がとても多いのではないでしょうか。早く次の参考書や問題集をやらないといけないと焦ってしまっている受験生が少なくないのです。

ただ実際さまざまな東大生に、参考書をどのように使っていたかを聞いてみると、「1冊の参考書を3周は必ずやっていた」「各科目まずは学校で配られた問題集を土台にして反復し、それが終わったあと1つ自分で買った参考書をやっただけ」という意見が多かったのです。

実は私も高校3年生の夏くらいまでは、ただいろいろな参考書をやっていけばよいのかもと思い、毎月本屋さんに寄っては新しい参考書を買っていましたが、実際1周終わらせたのはそのなかでもごく一部でした。

これでは危ないと思い、**高3の夏以降、科目ごとに1つ参考書を決めて、一生懸命やりとげるために計3、4周以上したた**ことで、自分が理解できているという実感も持てるようになり、模試でも飛躍的に成績が伸び、そして安定していきました。

まずは参考書を最低でも2周終わるまでは浮気しないということを決断すること。

この軸がフラフラしていると、どれも中途半端に終わってしまい、効率が悪く時間の無駄になってしまいます。しっかり自分で、まずは今ある参考書をスピード感をもって1周目を終わらせるということを目標にしていきましょう。

もう1つ反復作業の重要性として、**「木を育てていく」**ということです。

これは非常に暗記の根本を突いているといっても過言ではありません。

どういうことかというと、まずはどの科目も最初はざっと流れをつかむ気持ちで全体を見渡していきます。ここでは細かいことは覚えず、また曖昧なところがあってもかまいません。

その後、何度も参考書を読んで、たとえば太字で書いてあるような事柄、木でいうと幹の部分をキッチリして太くしていきます。

それからは、各単元ごとに太い枝を伸ばしていき、少しずつ細かい枝や葉を生やしていく、つまり理解度をあげていくことをしていきましょう。

たとえば、理科・社会の一問一答のような問題集を想像してみてくれたらわかるのですが、最初の3周くらいは、基本事項の問題と答えを覚えていきます。参考の部分やあまり出題頻度が少ないものはおいておきましょう。

まずこれをおこなうだけで幹が整ってきますので、日常生活でも勉強中でも関連する内容や単語に引っ掛かりを感じるようになり、想起する機会が多くなっていきます。

次に理解度を深めるために、化学・生物だと図説を、社会だと資料集を用意し、また学校や模試の問題を解いていったあとでもよいのですが、それぞれの一問一答の問題で関連する知識をつけていきましょう。

先ほどたまたまザビエルの例を出していきましたので、仮に「ザビエルは1549年にキリスト教を布教しに日本に来た」という一文があったとします。理解を深めていくうえで関連づけるといったのですが、たとえばザビエルの肖像画でもよいですが、資料集や他の問題を解いていくなかで「イエズス会の創設者」「プロテスタントではなくカトリック」「鹿児島」「大友宗麟などのキリシタン大名」などの関連事項が見つかれば、どんどん書きこんで覚えていきましょう。

このようにして**幹から枝葉を増やしていく勉強法、これはメモリーツリー暗記法**といったりしますが、ある単語があってそれに関連する事項を増やしていくことで、想起しやすい、そして忘れにくくすることができるのです。

ただ、最初から「幹」と同時並行で「細かい葉」まで覚えてしまおうとする人がいますが、それだと参考書を1周終わらせるのにも、相当な時間がかかり、そして覚えることも多すぎるので挫折しやすくなるのです。

それを防ぐためにも、最初は幹や大きな枝だけに集中して、スピード感をもって1周して全体像をつかむことを目標にしましょう。

2、3周目も幹や大きな枝を太くする作業ですが、これは1周目よりも、はるかにスピードが上がっていきますので、やはり1周目が終わるまでグダグダするよりも、まずはスピード感をもって早めに終わらせることに集中しましょう。

実際受験までの時間は有限なので、まずは点数に直結する「幹」の部分をしっかり定着させたうえで、残りの時間を葉にあてていくのが効率的です。

反復作業の具体的なやり方

反復作業で一問一答の例を出しましたが、実は成績を上げた私がお世話になった反復作業の再現性100パーセント、かつ即実践可能な2つの極秘テクニックがあるのですが、今回は特別に余すことなくお伝えしていきます。


この手法は何がよいかというと、まず反復作業をおこなううえで、**「自分のミスのパターン分析ができて、問題ごとに優先順位がつけやすくなる」**ということ。

この優先順位がつけられるかどうかは、受験勉強にあたり、現役合格にしっかり時間をあわせられるかどうかに直結してきます。

もう1つの方法は、**「実戦的な形で想起する機会をつくることで、自分の記憶の穴をなくすことができる」**というものです。

この2つの手法を組み合わせることで効率よく、そしてなんといっても楽しみながら反復作業をおこなうことができるので強くおすすめするテクニックです。

2つのテクニックは、

「マーキングレビュー法（MR法）」(Marking Review) と

「ランダムリフレクション」(Random Reflection)

というものです。

名前を聞いてより知りたくなってきたと思います（笑）。

それでは1つずつ詳しく説明していきたいと思います。

❶マーキングレビュー法（MR法）

MR法の内容を簡潔にいうと、問題を解き終わったときに『○△×の印』と『間違えた理由』を必ず書くというものです。

書くのは、ノートだけでなく、問題集の問題番号の横に（『日付』と）『○△×』と『間違えた理由』を書いてください。

①記号のつけ方
②『間違えた理由』を書く理由
③ＭＲ法の効果

の３点についてお話ししていきます。

①記号のつけ方

私の場合は、

- 正解した問題→×
- 答えまでの解き方はわかっていたけど計算ミスなどのケアレスミスなどで失点→△
- 答えまでの解き方がわからない→◯

というふうに決めて各教科やっています。

「正解したら○で、わからないと×じゃないの？」という疑問を持った方が多いと思います。

この記号のつけ方に関しては、絶対守らなければならないということはありませんが、自分はこのように自分で設定してそのとおりにやっています。

この記号は問題の番号（(1)とか例題49とか）の上または横に書いていきます。

×がついたものに関してはやらなくてよいため、塗りつぶしていく感じですね。

ただ○に関しては、問題番号に○でグリグリ書いていくので、その問題が目立ちます。

そのため、私は正解したときは×を、わからない場合は○を書いています。

しかしこれは、マークするだけで終わりではありません。

大事なのはここからです！

ここからすべきは「自分でノルマを決める」ということです。

たとえば「×を3つ連続でためるまでは、問題を解きつづけていく」と決めてください。

要するにたとえば最初にやったときに、問題を解けなかったとします。

すると『○』がつきますよね。

そのあと、復習ということでその日の夜にもう一度解いてみて、仮に正解したとすると『×』を1つつけることができます。

またその翌日にその問題を解いてみて、正解であれば『×』をもう1つ書きます。

次に週末に、同じ問題を解いてみて正解であれば『×』を書いて、3つ完成させます。

そうしたら自分で「この問題は自分のなかで身についた」と視覚的にもわかるのです。

ほかにも、ノルマに関しては『×を（連続ではなくても）5つためたらOK』としてもよいですが、ノルマの決め方としては、あなた個人の入試までの残り時間や、各科目の勉強時間を考えたうえで決めましょう。

②『間違えた理由』を書く理由

この理由を書く作業は、やるかやらないかで、見返したときに大きな差を生みます。

実際、たとえば数学の問題だと「計算ミス」や「ケアレスミス」がよくあると思います。

ただそれだけではなく、

「どの知識（解法）が足りていなかったのか？」

「どこの段階でミスをしていたのか?」

といった「自分の特有のミスを見つける」ということが、本当に勉強の効果を引き上げてくれます。

そういった意味で、この間違った理由を書くということを騙(だま)されたと思って、とことん突きつめて書いていきましょう。

自分のミスのパターン分析にもつながり、優先順位を決めて反復作業ができますよ!

③MR法の効果

- 自分の勉強のスピード感を何十倍も引き上げることができる
- 自分に何が足りていなくて、何が大丈夫なのかを視覚的に把握することができる
- 自分の特有のミスを把握でき、ケアレスミスを激減させることができる
- ノルマが決まるため、勉強すべき問題がわかり、復習もしやすくなり、楽しくなってくる
- すべての教科に応用できる

などなどいろいろあげられます。

次に、ランダムリフレクションについてお話ししていきましょう。

❷ランダムリフレクション

これは何かというと……

『ランダムに問題だけを見て、ヒントを見ずに反射的に答えや解法が思い浮かぶか』を徹底的にこなしていく勉強、というよりも一種のゲームのようなことです。

このランダムリフレクションというのは、基本的な解法あるいは単語を暗記した人が記憶の抜けをなくしていくためのゲームです。

たとえば数学を思い出してほしいのですが、チャート式のような問題集をやるときに、普通の人って、頭から順番に解いて、少し前に解いた問題も参考にしながら解いているという状況が多くないですか？

ただ、この段階では、まだ「実戦力」が足りていない。

すなわち模試や試験でも解法がすぐにでてきて解けるようになるか、といわれると、まだ自信はもてないことが多いです。

例題49（2）
練習問題58（1）
……

想起力を鍛える機会を作り、実戦力を高めていくことができるランダムリフレクションの具体的な手法をお伝えしましょう。

まず用意するものは簡単です。紙とペンと箱を用意します。

「え？　これだけ!?」と思った方も多いと思いますが、大事なのはここからです。

その次に青チャートを3周したなかで○が多い問題、つまりよく間違えた問題をピックアップしていきます。

そこで図のようにリストを作っていきます。

あとはくじびきと同じ要領で、小さい紙にその『問題のリスト』を1つ書いては、ちぎって箱に入れていきます。もし余裕のある人は問題の文章を書いてもよいですが、多いと時間の無駄になってしまうので、問題番号だけでもよいです。

そして毎日起床後と寝る前でもよいので、復習の際にくじびきと同じ要領で紙を引いていきます。

箱から引いた紙に書かれた、問題番号をみて、そのあとチャートを開き、その問題文だけを見ます（解説は見てはダメです）。

もしくは紙に問題の文章が書かれている場合はそれを見ます。

あとは反射的に、頭のなかで解法を思い浮かべてください。

もしも、60秒考えても何も思い浮かばない場合は、『まだ復習が足りていない』というのがわかります。

その場合は、チャートの問題集の解答解説をみて、何が足りていないかをもう一度確認して、理由を書きます。

実際、このあとはどんどん次の問題に移ってくじ引きと同じように引いていきます。

逆に60秒で頭のなかで解法が思い浮かべば、それは定着しているといえます。

時間があれば実際に手を動かして解いてもよいですが、時間がない場合は数学に関しては計算というよりも、その前の解法や方針をしっかり考えることができるかが、とくに難関大学の2次試験では要求されていますので、必ず解法のチェックを優先してやりましょう。

これは実際やってみるとわかるのですが、慣れてくるとめちゃくちゃ楽しくなります。

もしくじ引きをつくるのが面倒なら、スマートフォンのアプリで『ルーレット』というのがあるので、それを用いてもよいですし、ほかにも、『ランダムに選ぶ』ことができれば、何でもよいので、実際に隙間時間を見つけてやってみてください。

私の場合は復習サイクル大作戦のうちの、週末の総復習と、模試の1週間前にはランダムリフレクションをしていました。このおかげでたいていの問題は「反射的」に解法が思い浮かぶようになったので、模試や入試本番でも、問題を見てどう解くかを考えるスピード感と正確性が鍛えられました。

とくに青チャートじゃなくても、たとえば過去問や模試の問題でもよいですし、また数学ではなく英単語や理科社会の用語とかでも何にでも使えるものなんです。

ただランダムリフレクションは、しっかりMR法で反復を繰り返した人が、最後の確認として、週末におこなうものです。入試本番だと思ってしっかり集中してこなしていきましょう！

超スピーディーな復習チェックもおこなうことができるので、本当におすすめです。

最初はある程度問題の数は多いですが、3周目以降になるとどんどん数も減ってきますし、ランダムリフレクションでわかった問題は、定着度は高いのでくじ引きから外してもよいです。

数学だけでなくどの科目も暗記が増えてくるにつれて、一番大事なのは『定着度』と『反射性』です。

その両方をチェックできるのが、このランダムリフレクションとなっているので、今すぐ実践してみてくださいね。

暗記における神様「ゴロ合わせ暗記法」

ついにやってきました!!

今まで記憶のメカニズムや生活習慣、そして復習や反復作業の効率化させるテクニックについてお話ししてきましたが、ついに定着度・想起力・モチベーションのすべてを兼ね備えた究極的な暗記法を伝えられるときがきました。

今回お伝えする内容、それが「ゴロ合わせ」です。

「なんかよく聞くやつじゃん」

「あんまりよくわからない」

あなたもそう思っているかもしれません。

ですが今回紹介するゴロ合わせは、おそらくあなたが思っているものとは少し違います。

簡単にいうとあなたが知っているゴロ合わせは、それ自体単独で効果を発揮するものと思っているでしょう。
ところが、今回私が紹介する暗記法としてのゴロ合わせは、単独で用いるだけでなく、さまざまな関連づけをおこなうべきもの、すなわち**プラスαのプロセス**をするというものです。

それによって、ゴロ合わせの本来の効果よりも、何十倍にも記憶に定着できる効果をもたらします。なんだかワクワクしてきませんか？
そうです！　その**楽しさ、ワクワク感**などの好奇心こそが、勉強の効率を上げるうえでいちばん大切なことなのです。
ぜひその**ワクワク感**を忘れずにしましょう。
プラスαのプロセスを含めた語呂合わせの具体的な作り方を述べる前に、まずは語呂合わせの重要性、とくになぜ語呂合わせが効果的なのかについてとことんお伝えしていきましょう。

語呂合わせというのは、おそらく最初は小学校の社会を習ったときの年号のイメージが強いのではないでしょうか？

たとえばザビエルがキリスト教を布教しに日本に来たのが1549年ですので、「以後よく（1549）広まるキリスト教」という語呂合わせで覚えたという人は多いと思います（ここまで見ると、ザビエル好きだと思われるかもしれませんが、偶然です（笑））。

語呂合わせというと勉強以外にも、どこかの会社の電話番号もよく語呂合わせでCMなどで使われていることが多いですよね。

この語呂合わせを作るにあたって、最低限守るべきことは、

①なるべくインパクトが強いイメージが浮かぶようにする
②感情の動きが大きくなるようなものにする

という2つです。

これを軸に作っていくことでどういう効果があるかというと、覚えやすくなる以上に、ゴロは覚えてしまえば、試験でほぼ絶対に間違えないといっても過言ではありません。

長期記憶にはエピソード記憶というものがあり、ほかの記憶と比べると比較的速く定着し、ずっと長く覚えていられるというメリットがあるのです。

なんとエピソード記憶が定着しやすいその理由というのが脳科学的にもわかっており、それは「感情が伴うこと」です。

実はこの「感情」というものは、記憶にも関係しており、感情が揺れ動くと、脳の「知識を記憶する場所」だけでなく、ほかの神経も同時に刺激されるのです。

つまり1ヵ所ではなく、複数の箇所で一気に記憶できるため、単に知識で記憶するよりも速く長く覚えていられるようになるというわけですね。

またときどき学校の先生や塾講師などで「ゴロ合わせなんて邪道だ!」「あんなもの使うのは頭の悪い人だけで、頭のよい人は使わない」なんていっている人を見かけます。

本当にそういう人には「全然わかっていないな」といいたいです。

たとえば東大の医学部の解剖学の授業では、ひたすらゴロがよく出てきますし、また教授からもゴロを使って覚えるように、ご教示いただいているのです。

ゴロを使うと覚えやすいため、受験勉強に限らず医学の授業はもちろん、いろいろなところでゴロを使って暗記するとよく聞きます。

ほかにも医学部の友だちとゴロを作りあって、覚えやすいゴロを作ったほうが勝ちという遊びもしていて、その分暗記が苦痛に思わず、逆にどんどん楽しいものになっています。

ゴロ合わせは確かにインパクトが必要であるため、「面白い」「変だ」と思われるかもしれませんが、とにかく「感情を揺さぶる」ことが重要で、そのときに脳の想起率が高い場所が刺激されるため、定着率が高くなるというわけです。

ゴロは他人に見せられないような恥ずかしいものも作って勉強してきましたが、他人のためにやっているのではなく、自分にとってもっとも覚えやすくしっくりくるものが一番よいので、あまり人の目を意識せず、どんどん自分が定着しやすいように作っていきましょう。

簡単・楽しい・覚えられる「ゴロ合わせ」のおすすめの作り方

ゴロ合わせの重要性がわかったところで、今度は実際にゴロ合わせの作り方と**プラスαのプロセス**に関して例をとりながら説明していきたいと思います。

たとえば「古文単語」の覚え方を例にとって考えてみましょう。

古文単語に関しては『ゴロで覚える古文単語ゴロ565』（板野博行著）という有名な参考書もあるくらいで、やはりゴロで覚えることは効果があるといえます。

実は東大生の多くはこの本を持っているんです。

さっそく、ゴロを使って覚えていきたいと思います。
今回は「うちつけ（なり）」という古文単語についてゴロを作って覚えていきます。
先ほどの『ゴロで覚える古文単語ゴロ565』には、次のようにあります。

うちつけ（なり）＝1．突然である（2．軽率である）
という意味を持つことをまずは確認してください。
まずそれを見てからゴロを作ったとします。

ゴロ『打ちつけた顔面突然死』

なるほど！「うちつけなり＝突然である」という意味がよくわかるし、インパクトもあって、そして突然死なんてさすがに驚くしかありませんが、そんな情景も思い浮かべることができるので、感情を揺さぶるという点でもすぐれたゴロといえるでしょう。

そう思ってゴロを何度か読んだ書いたりして、次の単語に進むわけです。

ここまでは普通の受験生がすることです。

すなわちこれは、ゴロ合わせを「単独で」用いる方法です。

しかしこれは今から私が紹介する**プラスαのプロセス**が抜けています。

プラスαのプロセスに関して、別の言葉でいうと「さまざまなことと関連づける」というものです。

たとえば今回の例だと、このあとにすべきなのは、

① 状況に合わせた簡単な絵を作って視覚的に覚える
② 「うちつけなり」の語源を調べる
③ 「うちつけなり」を使った問題(ここでは例文)を見る
④ 実際に「うちつけなり」を使って自分で問題(例文)を作ってみる
⑤ 自分の友だちや家族に「うちつけなり」の意味、ゴロ、語源、例文を教えてあげる

という5つの項目であり、それが**プラスαのプロセス**なのです。

具体的に1つ1つ見ていきますね。

①に関してだと、ある人が顔面を地面に急に打ちつけられていて、その人が天使になってる絵を描いてみると、ゴロの状況を視覚的にとらえることができます。

これは絵のセンスがないとダメなのではないか？

答えはNOです。ここでは絵の上手下手などは要りません。

下手でもいいから、目標としては自分でもわかる絵を描くということだけです。

②、③に関しては、実際に古語辞典を引いてみましょう。

単語を覚えるときは、古文単語だけじゃなく、もちろん英単語もですが、必ず手元に「辞書」は用意すべきです。

これは意味を調べるだけでなく、古文に関してはとくに語源や例文をすぐに見られるようにするためです。

②の語源は今回だと「うちつけなり」は「打ちつけなり」と漢字をあてる。

ものを打ちつけるように急にものごとが起こる様子を表わし、そこから「突然である」の意味が出てきた……とわかります。

また③の例文では、たとえば、

「うちつけに、海は鏡の面のごとなりぬれば、ある人の詠める歌、」（意味＝突然に海は鏡の

表面のように静かになったので、ある人が詠んだ歌は、）

となります。

④に関してですが、古文単語の場合は例外です。

古文単語を作って例文を作るような問題は入試では出ないし、とても難しいからです。

④はたとえば英単語の場合なんかは使えます。なぜなら英作文の練習にもなるからです。

⑤に関しては、これはすぐにすべきとはいいませんが、ぜひ覚えた日のうちには友だちや家族に伝えるべきです。

さらに加えて、実際覚えるうえで一番行動に移しづらいですが、その分一番効果があるのが「他人に教える」ということです。

実際に「他人に教える」ということは、①〜④の復習にもなり、自分の理解の助けにもなります。

ここでしっかり教えられなかったら、まだ記憶が定着していないということがわかります。逆に一度でも『他人に教える』ことができたら、忘れることはほとんどないに等しいです。

プラスαのプロセスは、勉強の**楽しさ、ワクワク感**にもつながっていきます。これこそまさに、一石二鳥ですよね。

「ゴロ合わせを単独で用いる」方法と比べると、理解度と定着度は数十倍も違います。

ただ単独に用いて覚えるだけでは、何度も覚えては忘れを繰り返していきます。

ですが、この**プラスαのプロセス**をおこなうことができれば、将来的な手間は少なくなり、効率よく覚えることができるのです。

あなたもこれから暗記をしていくうえで、あらゆる分野でこのゴロ合わせと**プラスαのプロセス**は非常に使える驚異的な勉強法です。

この方法を今から実践してみてください。


あなたが面白いゴロを作ったら、ぜひいえる範囲で友だちにも伝えてみてください。

もし恥ずかしくていえないものがあっても、スマホのメモ機能のところに、作ったゴロを書いておくのもよいです。

作ったゴロ合わせは、他人に教えたときと、もう1つこれは復習になりますが、「問題を解いたとき」に思い出せたときが一番定着します（まさに想起段階ですね！）。

とくに英単語や古文単語の場合、MR法をやってみて、まずはそのなかでもどうしても覚えられないというものに限ってぜひゴロ合わせを作ってみてください。

せっかく今回「うちつけなり」を覚えたので、ぜひ日常でも使ってみると面白いですよ。英語でsuddenlyとか見ると「うちつけなりだ！」と反応できるようになると、楽しくなりますよ（笑）。

1秒暗記法

「1秒」で暗記する？　1秒で暗記するなんて無理だよね……

1秒暗記法というフレーズを聞くと、みなさんこのように思ってしまう人が多いです。今回お伝えする「1秒暗記法」というのは、受験生のとくに夏休み以降の暗記の確認として効率を普段の10倍以上あげていく、かつ隙間時間を使っておこなえる実戦的な暗記確認法となっています。

この1秒というのは何かというと、英語を習熟している人が、英単語を見てその意味を把握するのにかかる時間のことなのです（本当は1秒より短いのですが）。

ただ一部の人ができる能力のようなものではなく、誰でも意識すればできるようになっていきます。

突然ですが、次の英単語の意味を1秒以内に答えてください。

book

apple

know

おそらくこれは1秒もかからずに意味を答えられたと思います。

なぜかというと、中学校のころから英語をやってきて、かつ何度も問題や長文のなかで
でているため、想起の回数、確認の頻度が多くなっているからです。

じゃあ、もう1つ問題を出しましょう。次の英単語の意味を1秒以内に答えてください。

fraud

correspond

compensate

これはどうでしょうか？　高校レベルの英単語ですが、難しいものではなく二次試験などでもよく見かけるものですが、やはり先ほどの問題と比べると、「意味が出てこない」あるいは「意味は出てくるけど思い出すのに結構時間がかかった」などいろいろな状況があると思います。

なぜこんなことをいうのかをこれから説明していきましょう。

「英単語を覚えるのに、英単語帳を何周すればよいですか？」という質問をよく受けるのですが、実際、英単語の場合は何周というものはなく、できるだけ隙間時間や夜寝る前の時間を利用して覚えていくというよりも確認していくのがベターだと答えています。

というのも、英語の試験では、「この英単語の意味を答えよ」なんていう問題はめったに出ません。普通は英語の長文を読んだりリスニングをしたりするときの手助けとなるというレベルです。

学校や塾では、「英単語テスト」というものがあると思いますが、ただ英単語と意味をひたすら覚えていくというよりも、**最終的な目標、ゴールとしては「長文のなかで出てきた英単語は日本語に訳さず把握していく」あるいは「日本語に訳すとしても1秒以上かけない」**というものです。

そのため、英単語帳を3周やったあと、つまりある程度自分の脳のなかに幹を作ったあとは、英単語帳は要らないと思っています。それが終わったら、どんどん英語の英文解釈や長文の問題を解いていってほしいと思います。

そこですぐに出てこない単語はまだ定着しきれていないので、そういったものを抽出してまた再確認していくという作業をやっていきましょう。

これは英単語だけでなく、英熟語でもまったく同じことがいえます。

とくに受験生として夏休みからは、英単語帳だけでの暗記はやめて、どんどん長文の問題集や過去問にあたってみてください。

実はもう1つ、この1秒暗記法を長文を解かなくても確認する、学校では教えてくれない「ある道具」を使った新時代の勉強法があります。それは**スマホで無料でダウンロードできる「英単語アプリ」を使った暗記確認法**です。

私の同期の東大生にいろいろ質問したときに、最近だとアプリを使った勉強をしているということをよく聞きます。実際私も使ってその効果を確認済みなので、効率を上げるためにも、どんどん隙間時間に使ってみるのもよいでしょう。

英単語のアプリは数多く存在しますが、私が使っていたのは『東進の英単語センター1800』というものです。基本的には英語が表示され、その意味を4つの選択肢のうちから、正解と思うものをタップするという、操作は簡単なものです。

このアプリをどこで使っていたかというと、バスや電車の待ち時間や、ほかにもちょっとした隙間時間を利用していただけです。

ただもうひとつ気をつけたことは、「1秒でタップする」ということです。

できるだけ考えない、わからない問題が出たらそれは仕方がないですが、必ずスピード感をもってやることです。

もちろん最初は1秒というのは難しいので自分でノルマを決めてやっていき、だんだん慣れてきたら考える時間を減らし、目標の1秒暗記法で確認していきましょう。

覚えたことの確認は、英単語帳ではなくアプリを利用することで、自分のミスの分析も自動でしてくれるものもありますし、満員電車とかでもスマホだけ片手にあれば、楽しんでゲーム感覚でできるので、数えきれないくらい反復できますし、定着していきます。

英単語アプリは無料のものが多いですが、数多く存在するので、自分が今使っているものがあればそれを、もしなければぜひ『東進の英単語センター1800』をまずはやってみることをおすすめします（アプリに関してはコラムでもお伝えします！）。

音読を制するものは受験を制す！

勉強の本質は、理解して記憶すること、そして想起させることです。

今までもお伝えしてきましたが、効果的に記憶し定着させるためにはいろいろな工夫が必要です。

その工夫について、わかりやすくいうとたくさんの刺激を脳に送るということです。

エピソード記憶は文字や記号ではなく、感情を伴った体験として記憶されるため、速く長く定着するわけですし、ゴロ合わせもイラストを用いたり、インパクトをもたせたりできるため簡単に、そして絶対に忘れずに覚えることができるのです。

記憶するうえで、刺激を送るといいましたが、一番は身体を活用していくということです。

そんなときに役に立ってくるのが、「音読」なんです。

普段たとえば教科書を読むときは、黙読をしていると思いますが、視覚しか使っていないため脳に送られる刺激が小さく、だから眠くなります。

逆にそういうときこそ音読をすべきで、音読をすれば目で見て、声に出して、声を耳で聴くという、目・口・耳の3つを使って勉強することによって、刺激が大きくなり、忘れにくくなるというわけです。

昔某予備校のCMで「音読を通しで5回、10回やったらもう全部頭のなかに入っているから！」と英語の講師が語りかけていましたが、まさにそのとおりですね。

とくに英語に関しては、長文でもリスニングでもしっかり声に出して音読をすることで、速読にもつながりますし、リスニング能力も向上してくるので一石二鳥なんですね。

ただ音読にもポイントがあり、ただ読めばよいというものではありません。

しっかり読むことだけに集中せず、英単語ならば暗記していることに、長文やリスニングならばきちんと大体の意味を把握しながら音読していきましょう。

音読したあとはぜひ暗記しているか、意味を把握できているかを確かめながら次に進めていってください。

音読は黙読より記憶に残りやすく、書くより時間をとらないので、勉強の際には、音読できるものはどんどん音読していきましょう。

また書くだけより声に出しながら書くなど、組み合わせて使っても効果的ですよ。

英語のおすすめ暗記法

これまでさまざまな効率的な暗記法について説明してきましたが、復習もかねて、これまでの話を踏まえたうえで各科目において効果的な暗記法をお伝えしていきましょう。

英語に関しては、まず基礎的なこと、つまり単語、熟語、文法、構文の4つをある程度定着していかないと、次のステップの英文解釈や長文読解というのは難しいです。

実際東大生でも最初、英語の勉強を始めたころは長文がほとんど読めなくて困っていた人ばかりです。ただしっかりこの4つを暗記してみたら、とくに私の場合はどんどん文章が読めるようになっていきました。

そのためまずこの4つに自信がないひとは、優先的にひたすら暗記していきましょう。

英語の勉強法の核としては**「机5割、そのほか5割」**という勉強です。

机5割というのは問題を解いたり、参考書を見たりするときの勉強ですが、誤解を恐れずにいうとそれだけの勉強では成績は伸びていきませんし、時間の無駄になっています。

じゃあ英語の暗記においてなにかというと、「そのほか5割」の使い方です。

今までにあげてきたものであれば、音読はしかり、ほかにも英単語アプリであったり、あとは通学時間などにリスニングをしてみたり、机とは離れたところで、つまり隙間時間にいかに反復作業ができるかがカギになっていきます。

ほかにも私の友だちに「お風呂でもリスニングをしていた」という人や、「トイレにどうしても覚えられない英単語や英熟語を書いた紙を貼っていた」という人もいるくらい、日常生活でも英語に触れる機会を増やしていくことが前提条件となります。

また私の教え子に必ず伝えていることは、「1日15分でもよいので、英語に触れる機会を毎日作ろう」ということ。

実際英語という科目は、長い間触れていないと、英語に対する感覚が落ちてくるため、リスニングはもちろん、長文を読むスピードも落ちてきてしまいます。

そのため私の場合は、今までに読んだ長文をリスト化し、それを寝る前の1時間で黙読、音読を繰り返していました。

1秒暗記法のところでもお伝えしましたが、目標としては英単語であれば、「英語↓日本語」ではなく、「英語↓イメージ」という変換を1秒でしていくということです。

ただすぐには難しいので、まずはしっかり「英語↓日本語↓イメージ」の順番で覚えていき反復を繰り返したり、また長文やリスニングで出会う回数を増やすことで、日本語を介さずに、あるいは1秒以内にパッと意味を答えられるようにしていきましょう。

どうしても英単語で覚えられない英語についてはゴロ合わせを使うことを推奨していま す。実際私が受験生のときに覚えられなかった英単語に出会ったときに作ったゴロ合わせを紹介します。「fraud」という単語についてですが、これは「詐欺（さぎ）」という意味です。

何度反復していてもこの単語のときはどうしてもパッと思い出すことができませんでしたが、仕方がないと思い、ゴロを作りました。

それは「ふら〜ドーナツ詐欺」というものです。

あるとき私がふらふら歩いていると、目の前にドーナツ屋さんがあったんですね。そこでドーナツを1つ注文したんですが、それが1個100円のドーナツのはずなのに、「100万円です」といわれて詐欺にあいました……

という話を作ったら、ふらふらしてたらドーナツ屋さんで詐欺にあった、というイメージが脳に焼きつけられますよね。

つまり「ふら〜ドーナツ詐欺」というゴロの印象も強くなるのです！

実際ストーリーから作ったのではなく、ゴロを作ってからストーリーを補助的に作ったといったほうが正しいのですが、このおかげで、fraudという単語を見たらすぐに「詐欺だ！」とわかるようになりました。

ぜひどうしても覚えられないものがあれば、英単語でもゴロを使ってみてもよいかもしれませんね。

数学も実は暗記が主!?

数学といえばよく「1つの問題に1時間は考えろ!」なんていう先生いませんでしたか?

数学といえば「暗記ではなくて思考力である」という意見は完全に間違っているとはいえませんが、思考できるのは、ある程度の基礎的な解法を暗記している人だけなんです。

実際私も経験はありますが、高1のときに初めて聞いたばかりの問題を解かされたことがありますが、実際私も含めて同じクラスの人は誰一人として解けていませんでした。

というのも、やはりある程度の解法暗記、つまり戦っていくうえでの武器がないと、そもそも思考なんてできないんですよね。

数多くの高校生を見てきていますが、いろいろなデータを考慮したうえで、偏差値60までは解法を暗記するだけで誰でも行けるようになるということです。

もしあなたが偏差値60を切っているとすれば、まずは **「最低限の解法を暗記する」** ということにシフトしていきましょう。

偏差値65から70に行きたい人は、ある程度の解法暗記ができているので、そのパターンを増やしていくとともに、ようやくこの段階で1つの問題に対して考える時間を増やして思考力をつけることに意味が出てきます。

反復作業のところでお伝えした、MR法とランダムリフレクションは、もともとは数学の解法暗記のチェックのために使いはじめたものなのです。

そもそも解法暗記って具体的にどうすればよいのかというのはわかりづらいと思うので、説明していきましょう。

1 まず問題集とノートを用意します
(問題集は青・黄チャートかFocus Goldがおすすめ)

↓

2 自分で決めた例題を解いていきます
(5分考えてわからなければ3に移ってください。わかれば、その問題は解かなくてよいです)

↓

3 次に左のページに問題とその答えを書き写します
(その際、途中の式は省略しないで必ず書いてください)

↓

4 書き終えたらもとに戻って問題と答えの1つ1つの式の意味を理解します
（理解できたら、次の問題に進む、ではありません！）

5 ノートの右ページに、次は問題だけ書いて、自分で解答を1から書き上げてみてください
（答えは見ないでくださいね）

※5の段階で万が一、詰まってわからないと思ったら、すぐにすべての答えを見るのではありません！　その際は答えから、すなわち最後から順々に1つ1つ式をさかのぼってください。さかのぼるうちに、途中でひらめくと思います。その際は、また自分で解答の続きを書いてみてください。

解法暗記の手順がつかめましたか？

そうすると、たった5つの作業だけで、その問題に対する理解度は著しく上がるんです。

もしもよくいわれているような「1問に2時間、3時間かけて考えなさい」のようなことを真に受けてそのままやったらどうでしょう？

効果はほとんど現われず、逆に時間の無駄遣いが甚だしいですよね。

そうではなくて、まず数学に自信がない人は、例外なく手持ちの武器が少なすぎるので、焦らずこの解法暗記をやっていきましょう。これだと10分弱で1問終わらせることができるはずです。

さらにはこの解法暗記は考える時間は5分で、その間に頭のなかで解ける問題があれば、それは解く（書く）必要はありません。

よく参考書の問題を一から全問解かないと気が済まないという人がいますが、それだと本当に効率が悪くなってしまいます。

まずは自分で「何ができていて、何ができていないか？」をしっかり分析して、できない問題をできるようにしていきましょう。

またもう1つ忘れてはならないことがあります。

それは「復習をする」ということです（どの科目でも何度もいっていますが、復習がない勉強は、勉強していないのと同じです）。

その日解いた問題は、必ず次の日には同じように解答を見ずに解いてみてください。

自分で経験してわかると思いますが、復習サイクル大作戦のとおりにやっていけば、ほとんどの人がびっくりするくらい書けるようになっています。

数学の勉強は解法暗記をするだけで偏差値が60程度までは短期間で魔法のように上がります。

それにだいたい2ヵ月かけることを目標にやってみてください。

受験生の場合は新しい問題集ではなく、今自分の手元にあるチャート式のような問題集をもう一度復習もかねて、わからない問題だけに絞ってやっていきましょう。

しっかりMR法とランダムリフレクションも忘れないようにしてくださいね！

国語にも使える暗記術

国語は暗記ではなく思考力というイメージが強いですが、中学校時代120人中118位だった自分でも、国語の成績をある程度伸ばすことができたのも、実は暗記法にあったのです。

国語、とくに現代文といわれればセンスという意見もときどき聞きますが、それはまったくのでたらめで、ある程度解法があるのです。

それを教えてくれたのが、東大の文科3類に受かった高校の親友が紹介してくれた『現代文ゴロゴ解法公式集』(板野博行著)という本です。

これはセンター試験型と記述型の2つがあるのですが、本質はどちらも同じです。

私は東大受験だったので、記述も必要でしたが、当時国語があまりにも苦手だったため、センター試験型の本を買ってみました。

この本は過去20年以上の問題とそのパターンを分析して、どういうパターンが多いか、そのパターンの解き方や論理の流れを詳しく説明してあり、またいろいろな問題に応用可能な解法が多かったため、覚えたあと早速いろいろな問題に挑戦してみました。

今までは国語が苦手で嫌いだったため、問題を解くことすらもやる気が起こらないという状況だったのですが、この解法パターンを手に入れてからいろいろな問題に自分から挑戦するようになり、どんどん楽しくなってきました。

このパターンは記述にも応用可能であったため、自分で工夫をして「この問題は、指示語のパターンと理由のパターンの組み合わせだな」という感じで解いていくと、東大模試で国語が偏差値60を超えることができましたし、本当に期待以上に成果を出すことができました。

現代文はとくに自己流に走ってしまう人も多いですが、やはりそれに加えていろいろな解法パターンを得て、適宜追加することで自分の解答や読み方の精度を上げていきましょう。

私が受けたセンター試験本番では、国語はとくに過去最高に難しい年でしたが、このおかげで評論50点、小説45点の95点をとることができました。

古文漢文に関しては、外国語だと思ってください。

つまり英語とやり方はほとんど同じです。

まずは古文であれば単語と文法を、漢文であれば句法をまずマスターしてから、長文は早速センター試験の過去問を解きながら、忘れているところを再確認したり、古文常識などを身につけたりして、どんどん実戦的なものを得ていきましょう。

解いたあとは自己採点して終わりではなく、しっかりと一文ごとに主語や意味のわからないところがあれば、その根拠を探していく作業や（とくに敬語とかは要注意ですよね）、あとは英語と同じように古文漢文の長文を速く正確に読むためにも、音読を必ずやっていました。

国語はとくに早めのうちから問題に触れておかないと、とくに理系の人はセンター試験直前に初めて過去問に触れるようでは本当に遅いです。

まず自分の実力の確認のためにも、どんどんセンター試験レベルでよいので、解いていき自分の解法パターンやミスの分析をしっかりしていきましょう。

理科の一生使える暗記テクニック

理科において、物理は数学のように解法パターン、つまり武器をしっかり定着させていくことが成績UPのコツですが、化学・生物はこれまであげた3科目とは別の要素も大切になってきます。

とくに**化学・生物は、復習にもなりますが「図説」を有効活用する**ということ。

センター試験の問題ももちろん、二次試験の問題でも、実験の図であったり、物質の性質を問われることは頻繁にあります。

今まであげてきた暗記法でよく使えるのは、やはり用語であればゴロ合わせ、ほかにもメモリーツリー記憶も使えます。

ただ理科に関しては用語だけでなく、しっかりイラストや図でも覚えるということが重要になっていきます。

化学で、とくに有機の範囲であれば、反応の流れを矢印で書いていくことが多いと思いますが、それこそ物質名で覚えるのではなく、「どこの部分がどのように何の反応で変わっているのか」ということを図で理解することが化学の暗記のカギを握ってきます。

物理でも同じで、化学・生物ほど用語の暗記は少ないものの、やはりどの問題も自分で図を書いて作用する力がわからなければ、手も足も出ませんよね。

きれいに書くということが求められているのではなく、求められている問題の図を単純化して書くという作業をしっかりおこなっていきましょう。

ちなみに第2章でもお話ししましたが、受験本番は定規は使えませんので、しっかりフリーハンドで書けるように普段から問題を解いていきましょう。

また理科においては、センター試験の問題がとても暗記の再確認に使えます。

とくに化学・生物は、1つの問題に5つの文章があり、そのなかからもっとも適切なもの、あるいは誤っているものを選ぶという問題が多いです。

問題を解いているときは、すべての選択肢がわからなくても、正解はできますが、必ず問題を解いたあと復習するときには、すべての選択肢について図説で確認していきましょう。

そして私の場合は、過去10年分を解いたときの復習で、図説にチェックを入れており、それをすると図説を見返したときに、どこが一番出やすいポイントなのか、という優先順位が一目でわかるようになっていきました。

図説はただ見るものではなく、遠慮なくどんどん書きこんでいきましょう。そうすれば図説が自分の最高の参考書になるはずです。

もし普段図説なんて使わないという人がいれば、問題を解いたあとの復習の際は必ず図説を用意するようにしましょう！

社会の効率的暗記法

社会に関しては、理科と同じ部分が多く、「資料集」を使えるかがカギとなっていきます。ただもう1つとくに**社会に関して有効なのが、「人と教えあう」ということ**です。

とくに日本史や世界史に関しては、用語の意味や出来事の年代などの基礎事項は覚えなければなりませんが、なによりも**「全体像の把握」**と**「なぜ起きたのか?」**という2点が**どの問題においても重要**になっていきます。

そのときに、自分の記憶の定着を確認するための一番有効な方法が、人に教えるということです。

必ず用語だけでなく論述の問題集を買ってきて、最低限の論述の知識はつけて、自分で説明できるかどうかというのを確かめてください。

言葉だけでもよいですし、図を使ってもよいですが、一度教えたという経験がある人は、そうでない人と比べて定着率は劇的に上がるのです。

論述のなかでもある程度基礎的な事項が終われば、二次試験の過去問を解いていくべきですが、東大生のほとんどがやっていたこと、それは「添削を受ける」ということです。

とくに論述に関しては自分で採点しづらいですし、どの要素がポイントなのかというのはわかりにくい部分もあると思います。

そういった場合には、学校や塾の先生を捕まえてどんどん添削してもらいましょう。

その際にただ受動的になるのではなく、「自分はなぜこの解答に至ったのか」ということをしっかり説明できるようにしておきましょう。

東大文系の知り合いは、高校のときに毎回添削を受けるたびに、自分が納得できるまで先生と対決をしていたといっていました。そのおかげで、論述の問題の考え方から論述の仕方だけでなく、人にわかりやすく話すための技術もついたそうです。

たしかに彼は論破することがとてもうまいのですが、それは大学受験で培(つちか)ってきたものだったのでしょうか(笑)。

またもし一緒に勉強する友だちがいたら、グループ学習ということで、人と話す機会を設けていけば、しっかりお互いに考える力もつきますし、説明力もついてくるはずです。

ですので、社会に関しては最低限の暗記は他の科目と同様ですが、資料集を使うこと、そして人に教えたり、添削を受けるなど、ほかの人の考えを聞いたりして、自分の知識を積み上げていきましょう！

超必見！　東大生も使っている勉強に役立つ厳選スマホアプリ集

今の時代はほとんどの受験生がスマートフォンをもっており、ＬＩＮＥやＴｗｉｔｔｅｒ、Ｆａｃｅｂｏｏｋなど、さまざまな便利なアプリを使っていると思います。

でもときどきスマートフォンばかり触りすぎていて、

「スマホばかりいじっていないで少しは勉強しなさい！」

そのように先生や家族に怒られたことのある人もいるのではないでしょうか？

そんなスマホユーザーにとって、今回はとても有用な情報をお伝えします。

「スマホ＝遊び」としてではなく、スマホを積極的に勉強に使っていきませんか？

つまり勉強に役立つアプリを今回ご紹介していきますが、私が使っていたものはもちろん、友人の東大生が使っているものであったり、また成績を爆発的に上げている生徒がおすすめするアプリなどから厳選して紹介していきます。

アプリなら何でもよいというわけではなく、また勉強においてアプリを使ったほうがよい科目やジャンルなどもあります。
そのなかでもとくに役に立つ便利なものは、

①暗記系
②リスニング系
③自己管理系

の3つがあります。
それぞれについて、知らなきゃホントにもったいない、こっそり教えたい厳選アプリを公開していきます！

①暗記系

✻英単語編

東進公式スマートフォンアプリ「新・英単語センター1800」

他の英単語アプリと比べて、東進が監修していることもあり、大学受験向けの英単語アプリとして人気を博しています。

難関国公立私立大学の、英語の入試問題のカバー率は95パーセントを越えているものばかりなんです。またネイティブの発音もクリアに聞こえるので、紙媒体の単語帳よりもよいのではないでしょうか？

1つの英単語に対し、意味を4つのなかから選ぶ選択肢形式の問題となっています。また東進に通っている人は、東進の英熟語のアプリもできるので、一石二鳥ですね！（私はやっていませんでしたが、友人の東大生はよくやっていたみたいです）

歴史編

隙間時間にサクサク日本史を暗記できる「無料1500問★日本史1問1答」

理科・社会、とくに日本史は覚えることがたくさんありますよね。

自分で教科書や問題集を解いて覚えていくものの、復習の機会が意外と少なくすぐに忘れてしまう……なんてことはありませんか？

第3章でもお伝えしたとおり、とくに暗記は、まとまった勉強時間をとるよりも、短いサイクルで短時間を重ねたほうが効率よく記憶できるのです！

そこでこの日本史の１５００問を1問1答形式で暗記できるこのアプリなら、ちょっとした隙間時間に繰り返し、かつ「楽しく」覚えられることができ、定着率も格段に上昇します！

日本史だけではなく、世界史版の「無料１５００問★世界史1問1答」もあるので、とくに文系の人や、理系で日本史あるいは世界史選択の人は、併せてチェックしましょう。

✿応用編 東京大学の池谷教授が監修！「i暗記」

これは東大医学部の友だちが使っていた、つい最近おすすめしてくれたアプリです！

実際、医学部の試験は覚えることが、今までに経験したことのないくらい多く、たとえば解剖学だと、骨や筋肉、神経、血管などは、すべて英語またはラテン語で覚えさせられるのです。

その際に、このi暗記というアプリが非常に使えるです！

こちらのアプリは無料ではありませんが、勉強を効率化するためにはぜひおすすめです。使い方はいつもの単語カードを作るように表と裏を入力。暗記ができたものと苦手なものを別の箱に入れていき、どの単語を強化すればいいか一目でわかる点が人気となっています。

東京大学の池谷裕二准教授の監修により、脳科学に基づく記憶アルゴリズム（効率のよい出題の仕組み）で作られているということもあって、暗記でいう最強の武器となりますね！

②リスニング系

✲センター試験リスニング編

「センター赤本――英語リスニング過去問」

センター試験はほぼすべての受験生が受けますが、そのなかでも意外と対策していないと差がつくのが、英語のリスニングなんですね。

でも逆をいえば、リスニングは努力しだいで「点の稼ぎどころ」になるのです！

このアプリをやれば、全問正解もいつのまにか簡単にとれるようになるのです。他の教科や大問と違い、英語を聴きとる耳を作るだけで点数UPできるのですから、勉強するしかありませんね。

リスニングといえば、昔はCDで聞くしかありませんでしたが、今の時代はスマホです！　なんといってもこのアプリのすごいところは「リスニング音源のスピードを調整できる」ということです。

耳が英語に慣れないうちは0・8倍速で1語1語ゆっくり聴きとりをする。

その後、テストと同じ速さにし、余裕がでてきたら1・2倍速、1・5倍速にして耳を鍛えていきましょう。1・5倍速に慣れてしまえば、テスト本番のリスニングはスローモーションに聞こえること間違いなしです。

リスニングがセンター試験に導入された2006年からのすべての過去問を収録しています。コンテンツ自体はお金はかかりますが、リスニングのCDを買うよりも何倍も効率よく学べますので、過去問データベースと合わせて、センターリスニングはこれで十分ですね！

✿難関大受験生向け／TOEIC受験向け

TOEIC運営団体が提供している英語学習アプリ「English Upgrader」

「English Upgrader」は、TOEICを運営する国際ビジネスコミュニケーション協会が配信している同名ポッドキャストをもとに制作された無料の英語学習アプリです。

実際このアプリは東大に入ってから友だちにすすめられてダウンロードしたものですが、なんといっても「クオリティがめちゃくちゃ高い」のです！

TOEIC受験者向けはもちろん、東大や外国語大学など、二次試験で英語のリスニングが問われる大学の受験生も使っている人が多い印象にあります。

ユーザーレビューで「これが無料とか他の有料アプリがかわいそうになるレベル」などといった絶賛コメントが多数付けられていることからわかるように、「無料で提供して大丈夫なのか？」とこちらが心配になるほどです。

リスニングに関しては、センター試験だろうが、二次試験だろうが、はたまたTOEICやTOEFLだろうが、基本、耳を慣らせばどれも聞けるようになりますので、ぜひセンター試験のリスニングを聞けるようになった人は取り組んでみてはいかがでしょうか？

③自己管理系

✿スケジュール管理ができる最先端アプリ
ダウンロード数180万人突破！「Study plus」

アプリで自己管理？　といわれてもピンと来ない……なんて人もいると思いますので、簡単にどういうことができるのかをお伝えしますね。

このStudy plusというアプリは、大学受験系でおすすめするアプリのなかで、一番役に立つものだということは断言できます。

それもそのはずで、このアプリの特徴としては、

◎勉強時間の計測

◎日々の勉強時間の分析
◎何の勉強をおこなったかのメモなどの自己管理
◎他のユーザーの勉強時間や内容を見られる
◎コミュニティを作って、勉強法を共有できる
◎おすすめの参考書などが紹介されている

などなど、これでもか！　というくらい便利な機能がついています。

第2章でお伝えしたスケジュール管理報告とまさに同じ仕組みですね。

計画を立てるというよりは、勉強時間と内容を記録するというだけのもの。

私が受験生だったころは、ノートを作って記録していましたが、今の時代せっかくこのStudy plusがあるので、スケジュール管理報告をこのアプリでおこなうことだってできるのです。

またもう1つこのアプリでしかできないことといえば、他のユーザーとの共有ができるということなんです。

自分一人でスケジュール管理をしていても、刺激が足りず途中でダラダラしてしまう可能性もあると思いますが、このアプリだと全国の受験生と競い合ったり、刺激しあったり

することもできるので、モチベーションが下がることも少ないです。

基本、このアプリをしっかりやっている人は、勉強への意識が比較的高いので、よいライバルを見つけられますし、またコミュニティもあるので、楽しんで勉強できると思います。

またStudy plusは高校生だけでなく、大学生や浪人生、また中学生や大人の方まで、幅広く使われているものなので、大学受験に限らず、自己管理という意味でも使えるのです！

大学受験は情報戦です。その意味でもこのアプリならいろいろな最新情報が得られるものとなっているので、そういった意味でも、もしやっていない人は今すぐインストールして、勉強の習慣化はもちろんのこと、刺激のある勉強生活を送って、志望校合格を勝ちとりましょう！

Forest

あなたはスマホ依存症にかかっていませんか？

スマホ依存症とは、いつどんなときでもスマホが気になってしまうため、移動中、作業中、食事中などいつでも構わずスマホを弄（いじ）りたくなってしまい、それ以外への注意が散漫になってしまいます。

その結果勉強時間が減ってしまうことはもちろんのこと、ながらスマホ（たとえば歩きスマホ）で周囲への注意が薄れてしまい事故にあうこともあります。

最近だとポケモンＧＯというアプリが大人気を博しており、近くの公園では、ポケモンＧＯをやるためだけに、夜にスマホを持った人が大量発生しています。

自分の生活を振り返ってみてください。寝る前にもスマホ、朝起きてもすぐスマホ、テレビを見ながらスマホなどなど……、意外とスマホに触れている時間が長くありませんか？

そんなときにおすすめのアプリが、Ｆｏｒｅｓｔというアプリです。

これも私の友人の東大生や、また教えている生徒など使っている人は多いです。

どういうものかというと、まずは時間を設定します。

たとえば30分スマホを触らないと設定した場合、その時間スマホに触らずに過ごすことができれば、植えた木の苗は青々と葉っぱの生い茂った立派な木へと成長します。

最後までスマホに触らなかった場合、コインがもらえます。

逆に我慢できずにスマホを触ってしまうと、木が枯れていくというものです。


使い方は簡単。何か集中して取り組みたいことがあるときにForestで時間を設定して「始める」をタップすると、木の苗を植えることができます。あとは設定した時間（30分～2時間で5分単位）、スマホに触らないようにする。基本的な使い方はたったこれだけです。

木々はあなただけの森（マイフォレスト）へと植えられていき、自ら設定した時間に他のものごとに集中することで立派な森をつくり、その達成感とスマホ依存の解消を上手に掛け合わせたものとなっています。もちろん、我慢できなければ枯れた木々が集まってしまいます。

とても達成感もあり、集中力も一気に高めることのできるものなんです。

現在、Forestは有料（200円前後）ですが、大学受験だけではなく、これからも使える超便利なものとなっていますので、本気でスマホ依存に悩んでいる方は、ぜひ実践してみてくださいね。

まとめ

スマホはとても便利な道具であるだけに、気がついたらついつい弄ってしまいがちです。しかし使う時間・使わない時間をきちんと意識して線引きできるようになると、先にやるべきことの効率もあがり、結果的にそれ以外の時間をより楽しく過ごせるのではないでしょうか。

またスマホのアプリをうまく使いこなすことで、自分の持っている能力を高めることだってできるのです！

スマホに〝使われて〟消耗するのではなく、スマホを〝使って〟より楽しい、そして充実した受験生活をを送っていきましょう！

第4章
勉強のやる気を一気に高める超実戦的テクニック

私のメールマガジンやLINEで今まで1000人以上の受験生とやりとりしていますが、やはり「勉強のやる気が出ません」「やろうと思ってもモチベーションが上がらないです」という質問をよくいただきます。

高校生だけでなくても、東大に入っていろいろな人と関わる機会があるのですが、東大生だからといって「つねに」何事にもやる気があるという人は見たことがありません。モチベーションが下がることがないという人もいまだかつて見たことがありません。もしいるとしたら、その人は努力の天才であり、すでに大きな成功を収めている人だと思います。

そういった一部の人を除き、誰しもがモチベーションを保つ方法・上げる方法に悩んでいるはずです。

ただ何か好きなことに没頭しているときを思い出してください。そのときにすさまじいやる気と集中力を発揮した経験があるのではないでしょうか。実はこの「やる気」や「集中力」は工夫しだいで十分に高めることができ、それによって成績を短期間で着実に上げることができるのです。

受験勉強で成功する人の多くは、この「やる気」をうまくコントロールできる人なのです。やる気をつねに一定に保つというよりも、真剣に何かに取り組むときにやる気を一気に高めるメソッドを確立している人が多い印象にあります。

それにより、集中力を高めることができ、勉強でもほかのことでも自分が成しとげたいことを見つけたら、それに全身全霊をかけて取り組むことができるのです。

どんなによい参考書を持っていても、どんなによい先生が教えてくれていたとしても、自分で勉強しなければ何も現状は変わりませんよね。必要なのは自己管理能力であり、「やる気」や「集中力」を一気に高めていくことにつながります。

第4章でお伝えする超実戦的テクニックは、私の経験はもちろんのこと、指導してきた生徒たちや、同期の東大生の話も統合してまとめた、再現性の高いものとなっています。ぜひまずは1つでもよいので、騙されたと思って今日からしっかり取り組んでみてください。早速超実戦的テクニックについて見ていきましょう。

モチベーションが逆転合格するための最高の鍵

受験勉強というのはとても面白くて、受験本番まで合格するかどうかが誰にもわからない、いわばブラックボックスのようなものです。というのも東大A判定を出しつづけてきた人が不合格になってしまって、慶應に行ったという人もいますし、11月の東大模試でE判定だったのに短期間で爆発的に成績を上げて、現役で東大合格したという人もいます。

受験勉強は、自分の見た目も性格も関係なく、しっかり本番の試験で、「点数」という判断基準のみで平等に評価されるものです。

毎日10時間勉強した人と、毎日2時間勉強した人がいたとしても、後者の点数が高ければそちらをとりますし、いくらそれまでの勉強時間や判定や努力量をアピールしたとしても、意味のない完全な結果主義、点数主義のようなものです。

逆転合格や、まさかの不合格というのは、ごく一部の限られた人だけだと思っている人も多いですが、実はそうでもないということが、現実なのです。

とくに私が**一番危機感を持ってほしいと思っているのは、「浪人生」、そのなかでも「宅浪」の方です**（現役生は危機感をもたなくてよいということではありません）。

今までいろいろな先輩や同期、そして後輩も見てきていますが、浪人生は1年間という長い期間を与えられるものの、それがとても長すぎるため、途中でA判定をとってしまうとそこで満足してしまって、モチベーションが上がらずに勉強量が下がってしまうという人が意外にも多い印象を受けます。

実際私の先輩でも、浪人して東大模試で成績上位者のリストに、トップに近い順位で毎回載っていたのに、結果不合格になったという人も複数見てきました。

努力量だけで見ると、普通の現役生よりも圧倒的に差をつけているのにもかかわらず、不合格になってしまう人がいる、その理由は実は「モチベーション」管理にあったのです。

いくら効率的な勉強法を知っていても、やるかやらないかは、残念ながらあなたしだいです。

ただモチベーションが下がってしまうと、やる気が起こらず勉強量が少なくなります。

モチベーションが下がる要因は大きく分けて3つあると考えています。

①自分の今のレベルと設定した目標がはるかにかけ離れすぎている状態
②模試で合格点、合格ラインを越える成績をとったことに満足してしまい、新たにやるべきことを見失った状態
③相談できる人や先生、ライバルがいない状態（環境の問題）

この3つ以外にも、もちろん細かくいえばあると思いますが、一番多い要因はこの3つに凝縮されるといっても過言ではありません。

逆にいうと、このモチベーションをうまくコントロールしていけば、逆転合格も可能だということです。やる気やモチベーションがあれば、集中力も高まり、効率的な勉強もはかどってくるというわけです。

受験は結果主義ということですが、視点を変えてみると、「短い時間でも愚直に要領よく勉強した人が合格するシステム」ともいえるでしょう。

模試でよい成績をとることはとてもよいことですが、それに満足せずに、どんどん自分の基準値を上げて、つねに自分の軌道を上げつづけられる人を目指していきましょう。

「やる気が出る→勉強する」は大きな間違い

勉強しようと思っても、やる気が出ないからついついスマホをいじってしまう、ふと気づいたら1時間以上たっているということはありませんか？

「やばい！　勉強しなくちゃ」と思っていても、どうしてもやる気が出ないとき、ついつい面倒くさいと思ってしまい、ダラダラしてしまいますよね。

ただ受験期は時間がないので、こんなことで立ち止まっているわけにはいきません。

それでも、やる気がないときに行動しても効率が悪くない？　という意見もあるかもしれません。

ここで考えてほしいのですが、**常識的に考えると、「やる気が出る→勉強する」という順番が正しいと思われていますが、実際は少し違う**ってご存知でしたか？

心理学的に証明されている「ある事実」があるのですが、その事実を知って実践するだけで、なんと驚くことに、**「やる気がなくても、勉強を継続する」**ことだってできるのです。

その驚愕的事実、それが**「作業興奮」**というものなんです。

休日家で勉強するときに、自分の部屋がちらかっていたため、いやいや掃除を始めてみたけれど、気づけば夢中になって隅々まで完璧に掃除した！　なんて経験はありませんか？

実はここでも「作業興奮」が働いているのです。

その作業興奮とは何か、簡単にいうと**「面倒くさいことでも、まずは始めてみると気づ**

けば夢中になっちゃう!」というものです。

驚くべきことに人のやる気というのは、人間の脳内にある**「側坐核」**と呼ばれる小さな場所で作られるというのです。

じゃあ、やる気を出すためには、この「側坐核」を活性化させればよいんだね!

と思うのですが、実はこれは厄介で、ただ「やる気を出したい!」と思っても、当たり前ですがそれには応えてくれません。

ただある方法でこの「側坐核」を刺激して活性化することができるのです。

どうせめちゃくちゃ難しいことじゃないのか?

なんて思われるかもしれませんが、これが一番簡単なんです。

「側坐核」に刺激を与えるその方法とは**「手を動かして作業する」**というたったそれだけ。

仮に最初はいやいや手を動かしていても、始めてからしばらくたつと、少しずつやる気が出て、しだいに集中できるようになってくるのです。

つまり私たちが普通思っていた「やる気が出る→勉強する」という順番ではなく、実は**「勉強する→やる気が出る」**というものだというまさかの事実が明らかになりました。

例にも出したとおり、この作業興奮というのは、勉強だけでなく、スポーツでもダイエットでも何にでも応用することができる魔法のようなものなのです。

実際これを知っているかどうかだけでも、大きく効率が変わってくるというわけです。

ではこの作業興奮を実際にうまく活用するための方法を述べていきたいと思います。

作業興奮を上手に利用せよ!

作業興奮の仕組みがわかったけれど、実はただなんでもよいので行動を起こせばよいというものではありません。この作業興奮を利用して「湯水のようにやる気を作っていく」ためには、知られざるコツというのがあるのです。

いくら作業興奮の仕組みがわかっていても、このコツを知らなければ、どれだけ頑張ってもやる気は起こらず、逆にやる気が喪失してしまうかもしれません。

では、そのコツとはいったい何なのか?

答えはCMのあとで……ではなく、単刀直入にいうと、

「簡単なことから取り組みはじめる」というただそれだけです。

たとえばこんな人がいたとします。

今日は10時間国語の問題集を解くぞ！　と目標を決めるものの、まず何から始めてよいかわからないし、また国語が苦手な人であればなおさらモチベーションが上がりませんよね。

私がいう「簡単なことから始める」というのは、ポイントが3つあり、

①得意科目（好きな分野）・計算など負担にならないこと
②設定する時間がごく短時間であること
③環境を変えること

なんです。

まず①について。

私は常々 **「自分のなかで得意科目か好きな科目がない人は不合格になってしまう」** ということをいっていますが、まさに得意科目の有無が、勉強の効率を大きく左右するものとなる場面です。

私は数学と化学が好きだったので、毎回勉強しはじめる最初は、数学の計算や復習、あるいは化学の比較的簡単な一問一答問題を解くようにしていました。

なによりも、それが自分のなかで楽しく、また習慣化していたので、いやいや勉強をするというよりも、趣味に時間を注いでいるような感覚でした。

何がよいかというと、**とくにやる気が起きないときでも、得意科目はゲーム感覚**のようだったので、勉強を始めると、どんどん勉強に対する意欲や集中力も上がってくるんですね。

そうすれば、まず初めの30分はそれらに費やして、それからは自分のやらなければいけない分野（たとえば英語や物理）などにも楽にシフトすることができるのです。

まさに自転車のギアと同じですね。自転車も一番重いギアにして走行するとなると、最初はとてつもない労力が要りますよね。ただしだいに走行していけば、どんどん最初よりも楽にそして速く進むことができるはずです。

「好きこそものの上手なれ」ということわざがありますが、まずは好きな分野を作れば、それに対するハードルが小さくなる、それによって作業興奮が高まるので、他の分野に対するやる気も上がっていくというように、得意分野や好きなことを作ることで、他の分野も上達してくるという、ことわざ以上の効果をもたらせてくれます。

仮に現時点で、得意科目も好きな分野もないという人は、いますぐ作れ！　というのは難しいので、たとえば計算や復習などの負担が比較的軽いものをまず初めにやるようにしましょう。

②設定する時間について。

勉強を始めるときにいきなり「10時間やるぞ」と思っても、さすがに設定している時間がかけ離れすぎて、数時間もしないうちに集中が途切れてしまい、達成感がなく途中であきらめてしまうことが起こる可能性が高いです。

これは最初の行動の設定時間に問題があるのです。

実際私はもちろん、私の友人の東大生も、何かを始めるときはけっして「1時間以上頑張って勉強しよう」とは考えず、むしろ「まず5分だけレポートの文章を書いてみよう」というふうに**できる限りやれそうな目標を決めて、作業しはじめる**のです。

実際5分だけといって始めるものの、始めたらやる気と集中力が高まってくるので、ふと気づいたら1時間経過していたなんてこともありえます。

受験勉強でも同じで、1日のやることリストを決めることはよいですが、1日単位では、勉強時間を目標にしてはならないと、第2章のところでいったことの理由がまさにこれです。

つまり勉強を習慣づけしている人は、10時間勉強すると決めて、勉強しているのではなく、勉強をまずは短時間やってみようと机に座って、どんどん集中力が上がり、いろいろな科目の勉強をした結果、「あっ今日10時間勉強したんだ！」というようになるのです。

これは実際に経験してみないとわかりづらいかもしれませんが、**1日単位では勉強時間を目標にしない**ということ、そして勉強を始めるときは「**5分間○○をやってみよう**」というように、ごく短時間でできる作業をまずはスピード感をもってやってみるということをおすすめします。

③環境を変えることについて。

前日の夜に翌日のやることリストを決めて、睡眠をとり、朝起きてから勉強しようと思っていても、とくに学校の授業や部活のない日は、やる気が起こらずダラダラしてしまうという経験はありませんか？

実はこれ、私も結構経験したことがあり、心の底から気持ちはわかるのですが、どうしてもとくに家で勉強するとなると、やる気がすぐに減退してしまいます。

それを防ぐために私が何をやっていたかというと、とくに学校のない休日や夏休みや冬休みには、できる限り家から出て、塾の自習室で友だちと約束して、朝10時から夜の10時まで勉強するように習慣化したのです。

これによって、たとえばどうしてもやる気が起きないというときでも、家から出て自転車で自習室に向かって机につくだけで、否が応でも勉強に取りかかり、集中して取り組むことができました。

また年末年始などは自分に時間があっても、自習室すら開いていないこともありました。そんなときにもできる限り家から離れて、カフェやファミレスに行って勉強していました。逆に家にいるときは、ON／OFFを切り替えて、思う存分遊んでいましたね。

この**「環境を変えること」は、やる気を出すことだけではなく、日常生活でも重要なこと**になってきます。正直地方の高校生は、都会の競争の激しい高校生と比べると、私もそうでしたが、本当にぬるま湯につかっているように感じます。

たとえばどうしても慢性的にモチベーションが上がらないという人には、実際勉強しない日にちを作って、オープンキャンパスのような形で、自分の志望校に足を運んでみるのもよいかもしれません。そうすれば普段では与えられないような刺激を、思う存分味わうことができ、自分の目標に対するモチベーションの軸が太くしっかりしてきます。

勉強の習慣をつけるためにも、今お伝えした3つのポイントを押さえて、今日から実践してみてくださいね。

ライバルたちと日々のテストで勝負せよ

ここで私の今までの人生を振り返って、一番もっとも衝撃を受け、そして自分を現役東大合格、さらには東大医学部を可能にしてくれたフレーズがあります。

それがこちらのフレーズです。

「ライバルへの思いは□□□□□□」

ここに入る言葉は何だと思いますか。

答えからいうと**「ライバルへの思いは『片思いでよい』」**ということ。

実はこの言葉は、２０１３年８月17日放送の『世界一受けたい授業』という私が好きな番組で、東進ハイスクール講師の「今でしょ！」で有名な、そして私が尊敬する林修先生がおっしゃっていたことです。

時期を考えてみると、ちょうど高校3年生の夏で、東大模試を受けて手ごたえがあまりにも悪く絶望していたときでした。

この言葉に自分の人生レベルでの生き方のヒントを得られ、それがターニングポイントとなって成績が伸びはじめたといっても過言ではありません。

「私は東大のときに同じ部活で、これはすごいっていう人に出会い、彼の背中をずっと追いかけてきて、それでここまでこれました。

でも、おそらく彼はライバル視されていたことなど、わかっていなかったと思うんですよね。ところが結果的に、自分の成長につながった。そんなものでもよいと思うんです」

というようなことを林先生はおっしゃっていました。

実際第1章で書いたとおり、私の今までの人生を見ても、自分のモチベーションだけではなく、自分自身を成長させてくれたのは「ライバル」の存在でした。

受験生のころも、それからはまずは高校でトップ5になることを目標にライバルを作って、勢いを今まで以上に増して勉強してきました。

東大入ってからも、「医学部医学科進学」を目指していた友だちに絶対負けたくないという思いから、ずっとひそかに彼の背中を追いかけてきた結果、無事トップ10に入り医学部医学科に進学することができました。

逆にライバルがいなかったらと考えると、今の自分は180度変わっていたのではないのかなと考えてしまい、ゾッとしてしまいます。

今あなたに本気で追いかけたいライバルはいますか？

もしライバルが今近くにいなくても、心の底から尊敬する人はいますか？

仮に全国の一流大学合格者に、受験のときのことをきくと、ほぼ間違いなく「自分一人では頑張れなかった。○○のおかげで乗り越えることができました」と答えるように、人とのかかわりあいで合格を勝ちとった人ばかりだと思います。

数百人を超えるいろいろな合格体験記も見てきましたが、やはり「他人」の存在に影響を受けてきたというのが、ほぼ全員といっていいほどでした。

ライバルの存在の大切さというのは、第1章や第2章でも述べてきたことですが、改めて語る分、それだけ重要性が高いと思ってください。

まずは自分の近くに、目標としているライバルを見つけてください。

同じ志望校であればよいですが、志望校が違う場合でも大丈夫です。

しっかり今日から彼の背中を一生懸命追いかけてください。

とくに定期テストや模試はもちろん、日々の小テストのようなちょっとしたことでも、勝負してみてください。

勝負をすることは自分の心のなかだけにとっておいて、ライバルにはいわなくても大丈夫です。しっかり片思いでよいので、全身全霊をかけて競っていきましょう。

もちろん志望校や模試などに合わせていくという目標も大切ですが、モチベーションを上げていくためにも、そして自分の成長の基盤としていくためにも、どんどんライバルを見つけて本気で追い越せるように、基準値を上げていきましょう。

そうすれば、勉強がつらいといって悩んでいる時間がもったいない、逆に勉強の習慣もついて、勉強していないと逆に不快になってしまうレベルになるはずです。

経験したことがない人からすると「それは大げさだ」なんて思われるかもしれませんが、私も含め、受験勉強で「合格」を勝ちとった人は、心の底から納得できると思います。

私が勉強を教えているコミュニティでも、全員でスケジュール管理報告や成績を上げたときの報告をするＬＩＮＥグループがあるのですが、精鋭メンバーたちがそこで普段味わえないような刺激を受けつつ、そしてそのなかでライバルを決めて日々勉強をしています。

彼らの姿を見ると、参加する前は成しとげられないような努力量をこなすようになり、短期間で成績を爆発的に上げていっています。

やはり実体験はもちろん、教える側としてもこの**「ライバル」の存在が、あなたを人生レベルで成長させてくれます**ので、しっかりライバルを見つけ全力で追いかけていきましょう。

人間は「習慣」の奴隷

A man is a creature of habit
「人間は習慣の奴隷である」

この言葉を聞いたことがありますか?

あの有名な福沢諭吉の言葉であり、非常に的を射た名言だと思います。

習慣の「奴隷」と聞くと、あまりよい印象を受けないと思います。

ただよくよく自分の生活を考えてほしいのですが、朝起きたときにトイレに行き、顔を洗って着替えをすることも習慣ですし、ごはんを食べたあとは歯磨きをするというのもまた習慣ですよね。

ほかにも日常生活で考えてみると、人それぞれ自分の習慣があると思います。

1日24時間のすべての行動のうち、私たちが意識的に「やろう」としていることは、5〜10パーセントに過ぎないといわれています。

逆をいうと、残りの90〜95パーセントは無意識のうちに習慣としてとっている行動だといえますね。

まさに人間は無意識に、「習慣」という命令者に支配されているといっても過言ではありません。

人生を形作っているものは、**一生懸命頑張って身につけた能力や、生まれ持った才能よりも、どのような習慣の奴隷になっているかによって決まる**というわけです。

第2章の「スケジュール管理」のところでもお伝えしたとおり、受験に合格する人と不合格になる人の大きな違いは、「習慣化」ができているかと、イコールの関係なのです。

もちろん受験勉強に限らず、一般に成功者といわれる人は、よい習慣に従っているという人ばかりです。

習慣化すれば無意識に行動できる。

これはうまく利用すれば、習慣を変えるだけで90パーセント以上の行動をよい方向にもっていくことができ、自然と一気にほかの人と差を付けることができるようになるのです。

ただここまでは聞いたことがあるという人も多いと思いますが、これって自分のなかで勉強を習慣化している人でも、あるポイントを知らないと、自分の能力に大きな変化がないまま、しかもそれに気づかずに過ごしてしまうという人が出てきてしまいます。

それを防ぐために、そして大きな進化をとげるために大切な、もう1つ習慣に関する新しいキーワードを紹介し、「連続的な進化」を起こしつづける勉強法をお教えします。

それは**「コンフォートゾーン（Comfort Zone）からの脱出」**です。

さらにわかりやすくいえば**「心地よいだけのぬるま湯を捨てろ」**ということです。

まずそもそもコンフォートゾーンとは何ぞや？　という人も多いと思うので、その説明から。コンフォートゾーンは「苦痛レベル」、すなわち「その行動をすることでどれだけの苦痛を感じるか」と関連しているといわれています。

苦痛にならない行動範囲が、その人のコンフォートゾーンです。たとえば、

授業中にノートをとる

- 単語帳を1日30分見る
- 問題集を1日5ページ進める
- 休日は基本、家で勉強している

というような、いつもやっていることを 頭に思い浮かべてみてください。

それをするにあたって不安になったり、心配したり、いやだなというような苦痛を感じないですよね。

つまりこれが慣れ親しんでいる毎日の勉強であり、要するに、居心地がいいわけですから、コンフォートゾーンの一部だといえます。

ただ新しいことに挑戦するようなときは、**「コンフォートゾーンの外に出る」**という言い方をよくしますが、苦痛レベルが上がるような行動は、コンフォートゾーンの外に出ていると考えていいでしょう。たとえば、

- 授業中にノートをとらずにその場で覚えるようにする
- 1日30分の単語帳勉強を1日1時間に増やす
- 1日5ページ進めていた問題集を10ページに増やす

休日にはあえて自習室に行って勉強する

などという行為は、正直面倒、いやだというような「苦痛」を感じるわけなので、コンフォートゾーンを抜け出しているといえます。

実は今回私が一番お伝えしたいことは、受験勉強は苦痛を感じるところで勉強する。つまり、コンフォートゾーンを抜けて勉強するというのは、驚くほどメリットがあります。

ほんの少し苦痛や心配があったほうが、成果を上げる後押しになることが多いからです（ただし苦痛が多すぎるのは逆効果です）。

その証拠に、１９０８年にこんな実験がおこなわれました。

マウスを使った実験で、作業がとても簡単なときは、苦痛レベルが上がるにつれてパフォーマンスも上がることがわかりました。

しかし、作業が難しくなると、苦痛レベルが上がるだけでは、パフォーマンスの向上にまったくつながりませんでした。

作業の難しさと苦痛レベルの組み合わせが、ある特定の基準値を超えると、パフォーマ

ンスは落ちてしまうということです。

下のイラストを見てください。

コンフォートゾーンは、その外に出ると、ストレッチゾーン（ラーニングゾーン）に入り、さらに広がり苦痛レベルが高くなりすぎると、最終的にパニックゾーンになります。

このイラストを見ると、先ほどお伝えしたマウスの実験の結果も納得ですね。

作業が簡単なときは、マウスはコンフォートゾーンのなかにおり、何の苦痛も感じずに完璧に作業をこなしていました。

苦痛レベルが上昇すると、マウスはラーニングゾーンに入り、パフォーマンスはさらに向上しました。

しかし、難しい作業になると、ラーニングゾーンに留まらずに、すぐにパニックゾーン

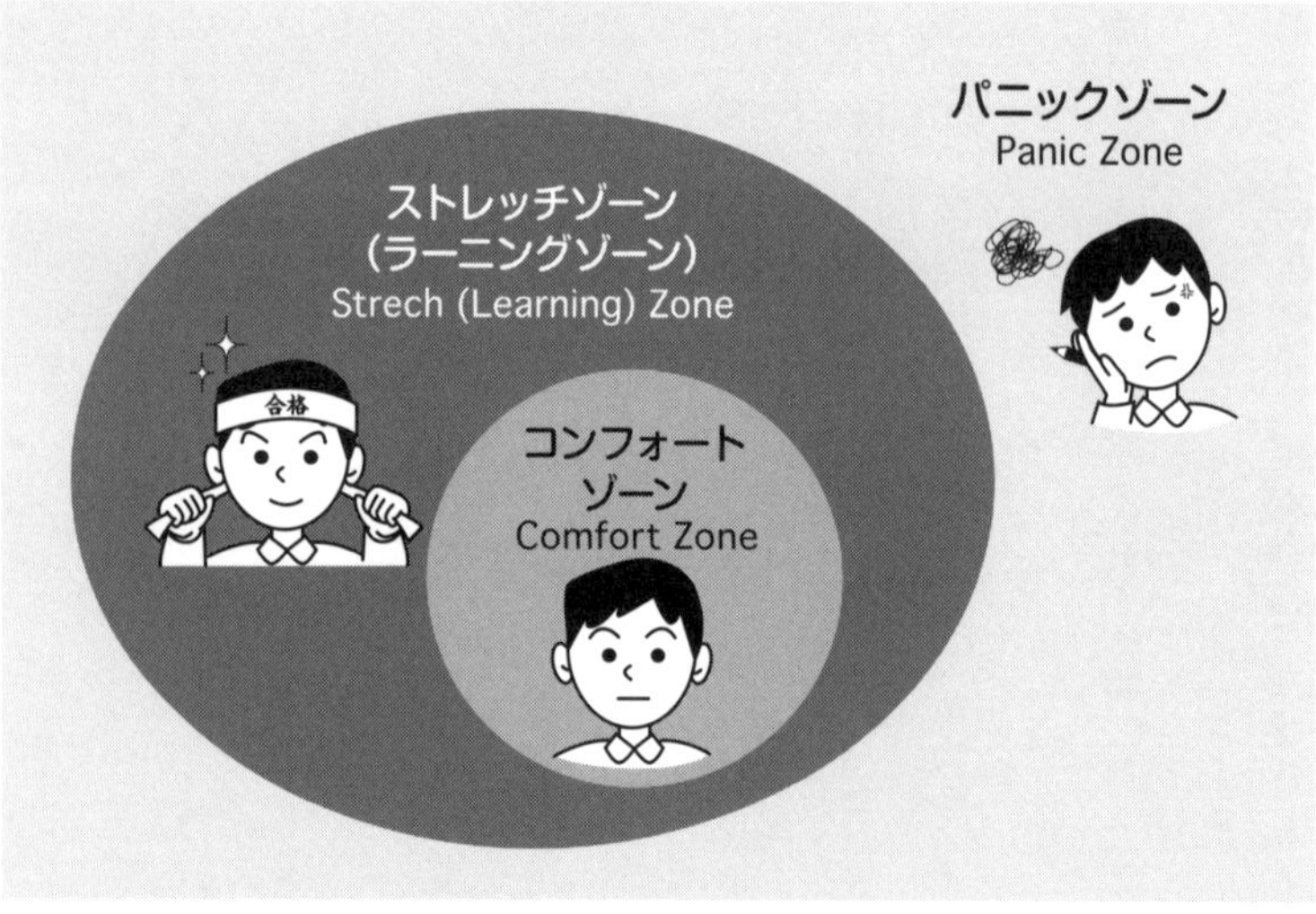

に入り、パフォーマンスが落ちました。

つまり、結論をいえば、これらの結果を見てもわかるように、あなたもコンフォートゾーンを抜けて勉強をすることで、いつも以上の効果を発揮することができるのです。

ただしいきなり難しくしてはパニックゾーンになるので、徐々に難易度を高めてラーニングゾーンに入ることが大切です。

私がいってきた習慣化とは、「習慣化＝居心地がいい勉強」ではなく、このコンフォートゾーンに留まることをせずに、つねに新しい負荷をどんどん見つけて、日々の勉強にかけていくこと、どんどん次々に新記録を更新するようなイメージで、そして**負荷のレベルを上げて、進化しつづけることが大きなアドバンテージ**になるのです。

そのためたとえば、「スケジュール管理報告」や「やることリスト」を日々やっていくことで、今の自分でできる範囲だけでなく、「少しきつめ」の段階を、自分で模索していきながら、コンフォートゾーンで満足せずに、「つねに自分の軌道を上げつづけられる」ようにしていきましょう。

やる気が出る勉強と休憩の黄金比

「やる気があれば何でもできる！」といって、「絶対合格」と書かれたハチマキを額に巻いて、少しでも休んだら「休まずに勉強しなさい！」と先生からいわれて、ひたすら勉強する、そんなシーンを昔のアニメやドラマで見たことありませんか？

私も小さいころはひたすら休まず勉強していかないと大学受験は難しい、という印象がこびりついてしまっていました。

しかしそんな人は世の中には存在せず、もしいたら過剰なストレスがかかってしまい、体調を崩してしまい、勉強がトラウマになってしまうかもしれません。

実際、受験に合格する人は**「休憩のとり方がうまい」**ように思えます。ほかの表現でいうと**「ON／OFFの切り替えがうまい」**ということがいえます。

今まで自分の経験や１００冊以上の本を読んできたり、また受験に限らずいろいろな方からの話を聞くうちに、「勉強と休憩の黄金比」があるということがわかったのです。

モチベーションを上げつづける黄金比、それは**「勉強：休憩＝5：1」**が集中力もやる気も持続できるものなのです。

そのなかでもとくに私が実践していたのが、「数学90分：休憩15～20分」「英語90分：休憩15～20分」「化学90分：休憩15～20分」……というように、90分ごとに休憩をとるだけではなく、やる科目もローテーションしていくということが、持続するカギになってきます。

脳科学的には90分が集中力の限界といわれています。そのため5：1だからといって、90分以上続けて勉強するというのは、あまりおすすめしません。

集中できる限界を超えてしまうと「勉強＝つらい」「正直疲れた」という気持ちが出てきてしまい、集中力の低下につながってしまうのです。

また**科目をローテーションすることで、どんどん脳のなかで使われる部分も変わってくるので、あまり疲れも感じずに長時間勉強することが可能**になるのです。

最初まだ勉強の習慣がついていなかった当時は、90分も集中することができませんでした。もちろん私のほかにもこのような悩みを持っている方も多いと思います。

でも安心してくださいね。そういう方は、まずは「30分勉強：5分休憩」というように勉強時間を短くして、まずは30分集中できるように頑張ってみましょう。

それが慣れてくれれば、「60分勉強：12分休憩」というように増やしていき、目標の90分まで持っていきましょう。

注意すべきは、最初から90分やろうとは思わないということです。

これは作業興奮のところでもお伝えしましたが、まず初めは簡単なことから、そして5分やってみようという気持ちで取りかかってください。そうすれば勉強していくうちに、どんどん集中力も高まっていきますので！


またもう1つ「休憩のときに何をすべきか」についてもお伝えしておきます。

休憩をとるときに食事以外では20分以上休憩をとると、勉強に対しての気持ちが完全に途切れてしまい、「さあ、いざ勉強だ！」と思っても、改めて集中するまでの時間、いわゆるエンジンがかかるまでの時間がかなりかかってしまいます。

そのため、だいたい15分程度の休憩が勉強再開するときのためのよい時間とされています。でも休憩といったって、ただ机の上でぼーっとしているのでは効果はあまりないですよね。

まず休憩のタイミングですが、90分きっかりじゃなくても大丈夫です。時間はだいたいの目安で、一番は問題を解き終わってキリがよいときに休憩をとるようにしましょう。

15分の小休憩のときには、自分自身をリラックスできる方法を実践していきましょう。

私の場合はたとえば、自習室で勉強しているときはいったん外に出て、体育の授業の準備運動でやるようなストレッチをしたり、水分補給をしたり、甘いものを少量食べたりしていました。

休憩のときの大事な要素としては、やはり**「体を動かすこと」**です。ストレッチで体を動かすことで、全身の血流の流れをよくし、予想以上にリフレッシュすることができます。することがなくても、ぜひ椅子から立ち上がることはやってください。

一度模試の休憩時間で、次の科目の勉強をひたすらしていたことがありましたが、そのとき腰が痛くなってしまい、逆に次の科目の問題を解くときに、腰に違和感を感じたまま、受けてしまったという失敗体験があるからこそ、念を入れてお伝えしておきます。

また15分程度の小休憩ではなく、昼ご飯や夜ご飯など食事で1時間を超える休憩のときは、外に出ることはもちろんですが「軽い運動をする」ことと、できれば**「友だちと話して笑いあう」**ということをすべきです。

ただ運動というのも激しすぎるものは、逆に疲れてしまって、眠気の原因にもなってしまうので、食べたあとに散歩やジョギングなど無理しない程度の運動をするようにしましょう。

すると、脳も気分もリフレッシュし、予想以上に休憩後の勉強もはかどるはずです。

また友だちと話して笑いあうというのも、実は笑うことは、脳にとって非常によい刺激になるので、疲れや悩みが消えることもあるのです。

無理して笑う必要はありませんが、友だちと楽しく話すだけでもよい気分転換になるはずです。

とくにこの休憩のとり方ですが、実は大学入試の2次試験では、長いところで2時間半の休憩時間が設けられているところもあります（東大はそうでした）。

私の場合は地方高校出身ということもあり、同じ学科を受けた知り合いはいなかったので、友だちと話すことはできませんでしたが、その分食べたあと、いつもどおり散歩をし気分転換をして次の試験に臨むことができました。

休憩時間中はずっと休憩前の試験のできについてばかり話している人もいれば、逆にずっと参考書を開いて勉強している人もいました。

やはり「休憩のとり方」は人それぞれですが、今お伝えしてきた「正しい休憩のとり方」を日ごろから心がけることで、試験本番中も精神的な不安も少なく、落ち着いて自分の力を発揮できるはずです！

もう1つ最後にいうとするならば、入試直前期の休憩のとり方は注意せよ！　ということです。大学受験、とくに二次試験では東大理系だと数学と理科が150分と長く、また東京工業大学は数学が180分という超長時間の試験が課せられます。

そういった場合、そのようなケースに合わせた訓練も必要になってきます。

たとえば週に1回程度は、**自分の志望校の試験を意識した長時間の勉強にも挑戦すること**をおすすめします。そのときは仮に集中力が途中で切れてしまったとしても、休憩を入れずに勉強してみるのもよいでしょう。

それが終わったらいつも以上に長めの休憩をとって脳を休ませてあげましょう。

そういった意味で、過去問の勉強するときも、そのなかから問題を抜粋してやる勉強法よりも、まとめて本番の時間どおりにやるという経験をしていかないと、いざ大学ごとの模試や本番になったときに、いつもどおりの力が発揮できなくなってしまいますので、週に1回程度でよいので、本番に向けた練習もやっていきましょう！

睡眠サイクルを利用して、集中力を最大化しよう！

「しっかり睡眠時間はとっているのに、勉強している最中に眠くなってきて集中できない」なんて経験はありませんか？

実はこの悩み、私ももちろん、東大生の友人も抱えていた悩みなんです。

毎日何が起きても眠くならずにずっと集中できる能力があれば、1回経験してみたいですが、なかなかうまくはいきませんよね。

第3章ではレム睡眠やノンレム睡眠を考えたうえで、「夜12時に寝て朝6時に起きる6時間睡眠」がもっとも効果的だと話をしましたが、今回は睡眠といっても、日中の睡眠について話したいと思います。

「日中に眠るなんて時間ももったいないし、意味がないのでは？」と思われるかもしれませんが、ただ実際は勉強のやる気や集中力を上げるために、意外に大切なのが「昼寝」なんです。

昼寝と聞くと、まず真っ先に思いつくのが、ドラえもんに出てくる「のび太くん」でないでしょうか？　昼寝は怠け者の象徴だと思っている方も少なからずいると思います。

もちろん昼寝といっても、ただ寝たいときに寝たいだけ寝るというものではまったく効果はなく、むしろマイナスになってしまいます。

ですが、驚くことに、昼寝もうまくポイントを押さえて使っていくことで、

- **気分をリフレッシュ**
- **病気のリスクを低下してくれる**
- **集中力を高めてくれる**
- **記憶力・学習能力が上がる**
- **疲労回復してくれる**

……などなど多大な恩恵を得ることができるのです。

逆に睡眠不足や疲労が蓄積している状態のまま日中を過ごすと、活動の質の低下につながるだけでなく、病気や怪我のリスクも上昇してしまい、大変危険なんです。

「昼寝は夜の睡眠の3倍もの効果がある」といわれているくらい、しっかりポイントを押さえればさまざまな効果が得られますよ！

そんな昼寝ですが、おさえてほしいポイントはたったの3つです。

①時間は「15分から20分」絶対それ以上寝ない!
②ベッドで寝るな! 机で寝よう!
③昼寝前と昼寝後の◯◯が大切!

①に関してはよく耳にすることだと思いますが、**昼寝の最適な時間は15~20分**だといわれています。逆にこれ以上寝てしまうとどういうことが起きるかわかりますか?

昼寝における寝すぎというのは、30分以上の昼寝を指しますが、そうした場合あなたの脳が「熟睡モード」(つまり深いノンレム睡眠ですね!)に切り替わってしまうのです。するとどういうことが起きるのでしたっけ? (復習ですよ!)

実はそうなってしまうと起きたときに**「睡眠慣性」**といって、慢性的な眠気が続いてしまうという結果になってしまうということでしたね。

そのため、昼寝をとる時間を「15分~20分」程度にすることで、短時間で脳や身体に休息を与えてくれる、とても効率のよい睡眠になるというわけです。

また時間帯ですが、とくに通常の体内リズムだと「14時ごろ」に強い眠気が生じるといわれていますので、その時間の前後を利用して昼寝をするようにしましょう。

②ベッドで寝るな！　机で寝よう！

ということですが、昼寝の効果を高めるためにも、短時間でも睡眠に没頭できるようにするために「負担の少ない体勢」で昼寝をすることが重要になってきます。

ただ私の経験上あまりに寝心地がよすぎても、一番肝心な「起きられない」という問題が出てきてしまうのです。

よくあるのが、家で勉強しているときに、昼眠くなったので「どうせならベッドで寝よう」と思い、アラームをかけてベッドで寝ることにしました。

するとどうでしょう？

あまりに寝心地がよすぎるために、アラームを止めたとしても、どうしても身体を起こすことができない……

「もうあと15分……」といって自分にいい聞かせて再び夢の世界に行ってしまう。

もはや2度寝どころか、「n度寝（nは自然数）」という表現が妥当ではないでしょうか？

とくに経験がある人はひたすらうなずいていると思います。

実際私自身何度か経験したことがあるのでわかるのですが、やはりこういうことを考えても家での勉強は誘惑が多いですよね。

普通は日中といえば学校か自習室に行くことが多いと思いますが、そうなると普通ベッドなんてないですよね（わざわざベッドで寝るためだけに、保健室に行くという勇者は見たことありませんが（笑））。

そうなった場合でも十分効果があるのが**「机に伏して寝る」**ことです。

机で寝るとすぐ起きられるということもありますし、もし慣れていない人は「昼寝用のクッションやミニ枕を利用する」ことや「時計や靴などを身につけずリラックスする」ことも意識して実践してみてください。

ほかにもどうしても気になる人は、アイマスクや耳栓をして寝心地のよい睡眠をしてみてもよいかもしれません。

椅子にもたれて寝るという人もなかにはいますが、首元を支える部分がないと、起きたとき首や肩こりがひどいことになってしまいますので、しっかり首元の支えがあるかどうかはチェックするようにしましょう。

③昼寝前と昼寝後の○○が大切！

昼寝をする前と後が、しっかり15分～20分程度で寝られるかどうかのカギになってきます。まず昼寝前ですが、目覚めたあとに頭をスッキリさせるためにも「カフェイン」をとるようにしましょう。

カフェインといえばコーヒーや紅茶に含まれていることが多いですが、カフェインには脳を興奮させ、集中力を促進するという効果があるのです。

それだと逆に寝られないのではないか、と思うかもしれませんが、実はこの効果が現われるのはカフェインを摂取してから30分程度かかるみたいです。

そのためにも、カフェインを「昼寝前に」摂取しておくことで、目覚めたあとにスッキリし、集中して勉強に取り組むことができるようになります。

昼寝後は何をすればよいかということですが、一番大切なのは「しっかり脳に刺激を与える」ということです。

これは夜の長時間睡眠後の起床の際にも同じことはいえますが、やはりおすすめなのは、

- 光を浴びること
- 軽いストレッチをすること
- 冷たい水で手と顔を洗うこと

ですね！

昼寝から起きた瞬間、集中力が開花してすぐに勉強に取りかかるという人はなかなかいません。昼寝後は最低でも右に3つあげたことはやってみてください。

これは昼寝じゃなくても、たとえば学校や塾の授業中に眠くなったという場合でも、トレイに行って手を洗うというだけでものすごく効果はあります（実際やったことがありました）。

この3つのポイントを守るだけで、十分短時間で効果は得られるはずです。

ただ夜型の人で3時間も寝ていないという人は、昼寝をした場合、あまりにも睡眠不足と疲労がたまっているので、昼寝をしても疲れがとれないということがあります。

やはりそれを考えても、**夜の睡眠はしっかり最低でも6時間以上はとるようにしましょう。**

逆に昼間まったく眠くないときは、昼寝する必要はありません。

適宜自分の状況を客観的に判断して、取り組んでみてくださいね！

究極の集中ルーティンを手に入れろ

人の集中力には限界がありますが、仮に集中力を高められれば、実質の時間の密度を高めることができますよね。

実はなんとうれしいことに**「集中力を高め、継続する方法」**というのがあるのです。

これは受験勉強に限らず、たとえばよくスポーツをやっている人に見られることが多いです。たとえばメジャーリーグで昔から大活躍している野球のイチロー選手を考えてみましょう。

イチロー選手といえば、バッターボックスで必ず決まったポーズをすることでも有名ですが、実はイチロー選手のすごいところはそれだけではないのです。

たとえばスタジアムに入る足、練習で走りはじめる足を決めていたり、毎日のウォーミングアップメニューは一定の手順があり、それを毎日ほぼ同じ時間に同じ量をこなしていっているのです。

ほかの選手でもたとえば昨年話題になった、ラグビーワールドカップ２０１５の五郎丸選手のポーズもルーティンですよね。

さらに２０１６年のリオオリンピックで、錦織選手が日本選手として96年ぶりに銅メダルを取ったときに、３位決定戦で倒したラファエル・ナダル選手。ナダル選手は、必ずサーブの前にパンツの食い込みを直し、髪の毛を耳にかけ、鼻を触り、ボールをつくというルーティンがあることはご存知でしたか？

スポーツ選手に限ったことではありません。

ある外科医の方から聞いた話をしたいと思います。

医者は白衣を着て、そして手術前に手洗いをおこないますよね（普段病院に行かない方でも、テレビの医療系のドラマではよく見かけますよね）。

もちろん白衣を着用し、手を洗うのは「清潔感を保ち、雑菌や感染を減らすこと」が第一の目的ですが、実はそれだけじゃないみたいです。

じゃあなんなのか？　というと……

手術前にこうして決められた動作をおこなうことで、「医師の脳が手術モードに変わり、集中力が高まる」ということもあるのです。

たしかに私も解剖実習などで、白衣を着て防護マスクなどをして実習に臨むときには、なにか自然と普段では感じられない姿勢と集中力が実感できます。

実際私の東大の友人には、集中するときには必ずヘッドフォンを付けて音楽を聞きながら勉強するという友だちもいれば、平日に学校があるときは（仮に昼から授業のときでも）、同じ時間の同じ電車の同じ号車の同じドアに乗るという人だっています。

私の場合もたとえば休日は必ず朝10時に自習室に行って、友だちと夜10時まで勉強して、電車に乗る友だちを見送って自分は自転車で同じ道を通って帰るということをしていました。

ですが、私にはもう1つ誰にもいっていない、そしてほぼすべての試験を成功に導いてきたルーティンがあるのです。このルーティンは高3のちょうど9月ころから始めたものなのですが、実は今なお続けていることがあるのです。

何だと思いますか？　ぜひ考えてみてください。

ヒントは試験のときに必ず使う「アレ」です！

1つでもよいので、何か思いついた人から、次の答えを見てくださいね。

答えは、

「普段用とテスト用のシャーペンを用意する」

という単純なことです。

これは誰かのをまねたのではなく、たまたま当時机を整理していたら、高校1年生のときにオープンキャンパスで東大に行った際に、「The University of Tokyo」というロゴが入った東大限定のクルトガのシャーペンを買っていたのを、開けずに新品のままとっていたのが発見されたのです。

当時、自分の成績や勉強法を本気でよい方向に変えたいと思っていたので、よいタイミングだと思い、ケースから取り出し、ぴかぴかの新品のシャーペンを筆箱のなかに入れました。

ただあまりにもきらきらしていたので、普段はほかのシャーペンを使っていましたが、ふと「どうせなら小テストや模試とか入試だけ、このシャーペンを使えばよいのでは？」と思い、そのとおりに本当にテストのときだけ、東大限定シャーペンを使うようにしました。

すると、やはり医師の白衣と同じで、テストの際このシャーペンを使うということで、すごい集中力を発揮できるようになり、模試はもちろん、入試のときでも使って無事現役合格することができました。

それだけではなく、東大に入ってからもテストのときに使うようになり、もちろん自分の努力もありますが、このシャーペンのおかげで、東大トップ10に入り、医学部医学科に進学することができましたし、また医学部での試験も、このシャーペンのおかげで乗り越えてきています。

客観的に見ると、「何それ⁉」と笑われる可能性もあるこのルーティンですが、実際自分の立場になると、たったそれだけのことでも、予想以上に効果があり、自分の支えになっているのです。

このように、**自分の集中力が高まるルーティンを小さいことでもよいので持つべきです。**

やる気を上げたい、集中したいというときにも、さまざまな方法はありますが、このルーティンや、第5章で詳しくお伝えするマインドセットについて心がけるようにしましょう。

決まった動作をおこなうことが、集中力を高め、受験勉強はもちろん、その後の人生の目標達成を効率化させてくれるのです。

正義のヒーロー「テストステロン」を使いこなそう！

やる気を出すときに働くのは、脳にある「側坐核」というところでした。

勉強など手を動かすことで、ようやく側坐核に刺激が伝わり、やる気が作られていくというものでしたよね。

では、もし集中力や記憶力が上がる「ホルモン」があったとしたらどうですか？

そんなものがもしあったら、喉から手が出るくらいほしいですよね。

実は（予想はついているかもしれませんが）、そういうホルモンが脳科学的にあることが証明されているのです！

それが今回お伝えする男性ホルモンである「テストステロン」というものです（いかにも早口言葉に出てきそうな名前ですよね）。

このテストステロンは集中力や記憶力を上げてくれるということですが、逆にもしテストステロンが減少してしまうと、認知機能が維持できなくなったり、モチベーションが下がったりしてしまうこともあるのです。

テストステロンは男性ホルモンの一種なのですが、きちんと女性にもありますので安心してくださいね。

男女ともに重要な役割を果たしてくれる正義のヒーロー／ヒロインのようなものなのですが、ストレスに弱いみたいで、最近ではとくに若い人がテストステロンが不足しているのではないかといわれているほどです。

とくに最近は「草食系男子」といわれるような、なよなよした男性も増えているのは、これが原因のひとつかもしれませんね（笑）。

ちなみに私はどちらかというと、草食系というよりも雑食系かもしれません。恋愛に限らず普段の生活でも、積極的にいろいろな人に出会って、その人なりの考えや価値観を学ぶ。そのことでよい意味で刺激を受け、自分の基準値を上げていき、より質の高い生活を送っています（雑食系という定義とは違うかもしれませんが（笑））。

それはともかく、どのようにすればテストステロンの分泌を増加させることができるのか？　が気になりますよね。

実はテストステロンを上げるには、食事や睡眠も重要になってきますが、**「自信をつけること」「姿勢を変えること」**この2つが影響を与えてくれるのです。

自信をつけるというのは、ルーティンと似たところがありますが、とくに私がおすすめするのは**「自信を与えるポーズをとること」**です。

たとえば私の場合は、とくに重要な模試やテストの前には、少し早く試験会場に到着してトイレに行き、鏡の前でガッツポーズをして「できるできる！」とつぶやくようにしていました。

当時はテストステロンのことは知りませんでしたが、実はこういうポージングによって、テストステロンが分泌され、集中力を高く保つことができるようになるのです。

とくに緊張したときにこそ、自信を高めるポーズをすることをおすすめします。

受験生のころにはあまりないですが、大学では自分でパワーポイントを使って、プレゼンテーションをする機会が何度もあります。

そういったときには、できる限りジェスチャーを大きくして話すようにしています。

それによって緊張感もほぐれて、自然に話すことができ、発表が終わったあと、教授に「うまい発表だね!」といわれ、内容以上の評価を得られることがよくあります。

ただしっかり自分のなかで緊張をほぐすため、また自信をつけるための「行動パターン」というものを決めておくと、よい意味で習慣になり楽になります。

もう1つは**「姿勢を変えること」**ですが、簡単なことのように思えますが、意外ときちんと意識してやっている人はなかなかいません。

今この本を読んでいるそこのあなた! 今の姿勢はどうですか?

寝ながら読んでいるかもしれませんし、机に向かって真剣に読んでいるかもしれませんね。では、あなたが勉強しているときって自分がどういう姿勢をとっているか考えたことはありますか? 意外にも客観的に見ると、あまりよくない猫背や足を組んだ姿勢で勉強している人が多いのです。

私が集団指導で教えていたときも、やはり成績がよい子は、授業を聞く姿勢がよい印象がありました。

授業を聞くときはもちろんですが、自分で勉強しているときも、ポイントとしては**「人に見られていることを意識する」**ことです。

これを意識すれば勉強しているときに自然と姿勢がよくなり、集中力と記憶力が高まります。

よく「カフェで勉強すると集中できる」という人がいますが、それはこれが要因なんですね。また集中できなくなったら、座るだけでなくよい姿勢で立ってみることも効果はあるのです。

とくにこの2つを意識することで、正義のヒーロー／ヒロイン「テストステロン」は理想の作用をもたらしてくれます。どちらもとても簡単なことですので、ぜひ習慣化していきましょう！

1日の勉強は最高でも10時間以内で

スケジュール管理に慣れてくると、勉強することが当たり前のようになっていき、目標を決めて自分の軌道を上げつづけられるようになってきますよね！

ただそのように慣れてくると出てくる問題としては、**1日の勉強時間ってどれくらいが限度なの？**　ということです。

たとえば1日中ずっと勉強して、食事などの休憩時間を抜いて、勉強している時間を合わせると1日13時間やったとしても、その次の日起きるのが遅くなったり、前日の疲れからかずっと倦怠感に襲われて集中できず、しっかり勉強できなかったり……という経験はありませんか？

今までの経験上、勉強を開始したばかりの人や、真面目でやる気のある人ほど、まずはとにかく勉強時間を長くしようと頑張ってしまう傾向にあります。

もちろん勉強の習慣づけをするためには、1週間ごとの勉強時間の把握は効果があると思います。ただ勉強の習慣づけがある程度されている人にとっては、それだけを目標に頑張って「勉強時間を増やせばよい」と考えてしまうのは、少し間違っている方向に行ってしまうことになります。

1日に13時間集中しないで勉強するより、集中して8時間勉強するほうが、確実に大きな成果が得られ、そして記憶の定着率も高くなるでしょう。

一番の目的は、勉強時間というよりも、**勉強の内容量＋定着率を飛躍的に伸ばしていく、つまり効率を上げていくことが重要**になっていきます。

そういう場合、集中力や翌日への疲れの影響を考えると、「**1日の勉強時間は基本的には10時間までにする**」ことを推奨します。

10時間以上勉強に費やすと、慣れていないと疲れが翌日にも影響してしまい、全体での勉強時間（たとえば1週間の勉強時間）では日によって差が出てきてしまいます。

ただやる気があれば、何時間でも勉強できるというわけではありません。自分の勉強時間の最低ラインも決めることも大切ですが、思い切って上限も決めておきましょう。

1日にたとえば8時間勉強することが長く感じるか、短く感じるかは人それぞれですが、たとえ少なく感じてもしっかりその時間で集中力をもって臨めば、短期間での劇的な成績上昇は十分に見込めると思います。

もちろん勉強の習慣づけがついていない人は、スケジュール管理をしっかりやって、1週間に40時間はやれるようにしていきましょう。

勉強の習慣づけをやっていき、それを安定して越えられるようになれば、たとえば次は1日の勉強時間の上限を決めて、自分で少ないと感じても、日々その時間で最大限集中できるように、今までにお伝えしてきたことも含めて試行錯誤していきましょう。

期限や上限を設けることは、やる気の向上にもつながります。

逆に長すぎて集中できなくなってしまうと、意味をなさない、まさに「過ぎたるはなお及ばざるがごとし」ということわざどおりですね！

極秘公開！　自分で時間を作りだす超簡単な方法とは？

自分で時間を作りだす能力が手に入ったとしたら何をしたいですか？

勉強はもちろんのこと、遊びや部活、そして恋愛に関しても、普通の人よりも充実した濃密な時間を過ごすことができるようになります。

これって、もし本当にあったらすごいと思いませんか？

実は私はこの方法をおこなっていたこともあり、高校のときは、高3の9月まで部活を続けつつ、東大に現役合格できましたし、また東大に入ってからもバイトやサークル、恋愛なども同時進行しながら、東大TOP10に入り医学部医学科に進学することができました。

ほかの同期の東大生からも「いったいどういう生活送っているの?」「1日48時間あるんじゃないの?」なんていわれることも多々あります(笑)。

いつもはあまり明かしていないこの秘密を、今回は公開したいと思います。

もちろん1日を自分だけ48時間にすることは物理的には不可能ですが、ある方法をおこなうことで、普通の人が1日のなかで使っている時間よりも、何倍も有効に使うことができ、実質1日単位で、他の人と圧倒的な差をつけることができます。

時間の有効な使い方を知るために、もっとも重要になってくるのが**「ユースレス・タイム」**(Useless Time)」をいかになくすことができるか? ということです。

「ユースレス・タイム」というのはその意味のとおり、「意味のない無駄な時間」「集中せず気が散っている時間」のことです。これを減らすことによって、限られた時間の集中力と勉強の効率を高めることができるのです。

ただ実はこの「ユースレス・タイム」は普通気づかないうちに、1日のうちでも頻繁に訪れます。

LINEやTwitterの通知が来たから、ついつい勉強中にスマホを触ってしまう。何かを調べるためにインターネットを使って調べていたが、気づけばネットサーフィンしてしまい、1時間以上費やしてしまったりするのは、その最たる例ですよね（自分も昔はよくやっていましたので、とても気持ちはわかります）。

これら1つ1つに関してはたいして時間を浪費していないかもしれませんが、集中力はそのつど途切れてしまうため、頻度によっては実際の勉強時間は自分が思っているよりも少なくなっているかもしれません。

それをなくす方法として、実際私の同期の東大医学部生もやっている誰にでもできる、ある道具を利用した超簡単なテクニックがあるんです。

それは**「ポモドーロテクニック」**というもの。

ポモドーロテクニックというのは、短時間で集中的に勉強をし、休憩を挟み、また短時間勉強をする……という繰り返しのことで、もっとも集中力が持続しやすいものです。

勉強と休憩の配分に関しては、この章でもお話ししましたが、それとプラスで今回用いるとよいのが**「キッチンタイマー」**なんです。

たとえば集中するために25分勉強するとして、そういう場合は必ず机の上には、筆記用具と参考書とキッチンタイマー（スマホは不可）だけを出して、誘惑がない状態を作ります。

キッチンタイマーで25分間はかることで、追い込まれている感覚からも集中力が極限まで高まって勉強することができます。

いったん25分間が終われば、休憩を5分間入れて、またその繰り返しをしていくというわけです（やる気がでる勉強と休憩の黄金比である5：1どおりですね！）。

慣れてくれば25分ではなく、60分や90分と伸ばしてもよいのですが、そういった場合でも必ず「キッチンタイマー」でつねに時間を測りながら、勉強するようにしてください。

そうすればできる限り自分の普段やっている「ユースレス・タイム」を劇的に減らすことができ、やる気も集中力も上がり効率のよい勉強をおこなうことができるのです。

簡単すぎるといってもよいことですから、ぜひ今日からやってみてください。慣れてくれば勉強はもちろんのこと、普段の生活でも圧倒的に集中できる習慣がついてきます！

勉強する前のストレッチで効果倍増！

起床後、やってほしいこととして、光を浴びることや飲み物を飲むことのほかに、ストレッチをすることをお伝えしましたが、実はこのストレッチは起床後に限らず、勉強を始めるときにも習慣としてやっておくべき効果的なものがあります。

勉強をしていて疲れて休憩をとって、それからまた勉強しようとするとき、どうしてもやる気が起こらず集中できないというときはありませんか？

勉強しているときでも、疲れは身体全体に影響を与えています。

そのなかでも日常的に多いのは「目」と「首」の疲れや痛みです。

とくに首に関しては、勉強しているとき頭が前に倒れているために疲労がたまってしまい、それが肩こりの原因にもつながるのです。

そういった物理的な面でやる気を喪失してしまうのは、もったいないことですので、一番大事なのはやはり普段の勉強の姿勢を改善するということ。

まずは姿勢の改善のために椅子に座った瞬間にできるストレッチがあります。

①しっかり手を組んで上に伸びをして胸のあたりを開くこと
②次に手を後ろで組んで伸ばし、背中（肩甲骨）を締めること
③首を左右2周ずつできるだけゆっくり息を吐きながら回していく

この3つのことを、受験生のころはもちろん、今でも習慣としてやっています。

実はこれを普段からすることで、姿勢の改善はもちろん、昔より予想以上に肩こりもしなくなり、しっかり勉強しやすい身体づくりができるようになりました。

ほかにも勉強する際にはできるかぎり目薬をさすようにしており、目の疲れをとるとともに、刺激を与えることで勉強に集中できるルーティンのようになっていました。

このような簡単なストレッチを普段からやっていると、模試や入試などの極度に疲れがたまりやすいときでも、リラックスすることができ集中できるようになりますので、ぜひ今日からというよりも「今」から実践してみてください。

学校という場所を完璧に使いこなせ!

受験生、とくに現役生にとって、現役で合格を勝ちとる人と、残念ながら不合格になる人の一番の違いって知っていますか?

勉強法を知っているか、勉強の習慣がついているかなどいろいろ考えられると思いますが、私が思うに**合格と不合格を分ける最たる違いは「学校の使いかた」**だと思っています。

夏休みや冬休みなど長期休業期間であれば学校の授業がないのであまり差はつきませんが、普段の平日を考えてみると、学校での拘束時間って8時半〜16時半までと考えても8時間程度あるのです。

この8時間を、ただ漫然と過ごすのか、それとも戦略を自分でたてて効率的に勉強していくのかで、1日で大きな差が生まれてしまいます。実はこれって真面目な人がよく陥りがちなのですが、ポイントとしては**「受け身の授業には絶対なるな!」**ということ。

学校の授業はセンター試験が近くなったら、センター試験の演習をおもにこなしていくことになりますが、春や夏の段階でも科目によっては、演習問題をこなしていくというのも多いと思います。

たとえば数学や英語は高3の春から、指定された問題集を使って毎回問題を解いてきて、先生が解説するというものでした。

そういったときに普通の人はただ解説でいわれたことを聞くだけで終わってしまうという人が多いのですが、それだと受け身になってしまい、実際に時間が経ったあと、その問題を解けるようになるかどうかは怪しいところが多いのです。

じゃあ、どうすればよいのか? というと、学校の1回の授業中で「ほかの人より演習量をこなしていく」という作業が大切になってきます。

たとえば数学だと、ただ解説を聞いているだけでは刺激が少ないため、つまらなくなってしまうことが多いです。

そういうときには、**もう一度その問題を授業中に自分で手を動かして解いてみるということを必ずやってほしい**のです。受け身の授業ではなく、自分で必ず扱った問題をもう一度その場で何も見ずに解けるかどうか？　それを普段の1回の授業内で理解できるようにしていくようにしましょう。

よく学校の授業中にほかの科目をするという人がいますが、そういう内職なようなものではなく、まずは同じ科目の扱った問題集で授業中に少しでも自信のない箇所があれば、みんながただ聞いているときに、自分は差をつけるためにもしっかり手を動かして解いていく時間を設けていく、そういった**「積極的な授業の受け方」を習慣化することで、学校の授業を有効活用できる**ようになります！

もちろん自習時間などがあれば、夜型の人で寝ている人もいるとは思いますが、そういう人をあえて見ることで、「必ず差をつけてやるぞ！」と自分の心に火をつけて、考える勉強というよりも、復習や暗記など、演習量をこなしていく勉強をしていくようにしましょう。

「医学部」を本気で目指す受験生たちに贈る、医学部受験突破のための勉強法

※本気で医学部を受験したいという人以外は、このコラムを見ないでください。

この特別コラムでは、普通誰も教えてくれないような医学部受験に対する勉強法を、大学に入ってから実際の医学部の授業を体験したり、教授の話から得られたことを含めて、私から特別にお伝えしていきます。

正直こんなこと普通の学校や塾では話されないようなことですが、医学部を受験し、将来お医者さんとして臨床の現場に立つ人であったり、基礎医学の研究に打ち込んだりするようなことを考えている人は絶対に知っておくべき重要事項をお話しします。

まず医学部受験生に伝えるべき内容としてとくに伝えたいのは以下の3点です。

①医学部受験を突破するための知っておくべき最重要戦略
②医学部面接について　～数々の面接を担当してきた教授が伝えたいこととは～
③医学部に入ってから体験した驚くべき事実とは

この3つに絞って、医学部受験生向けに余すことなくすべてお伝えしていきます。

①医学部受験を突破するための知っておくべき最重要戦略

勉強法についてはこ今までこの本でお伝えしてきたものを実践することで、勉強の基盤を着実に固めることができ、成績が飛躍的に伸び安定していくはずです。

ただ医学部受験にとっては、それに加えて、しっかり自分の「分析」と「戦略」を立てていかなければ、圧倒的に不利になってしまいます。

医学部受験といえば、浪人生の存在、とくに2年以上浪人している多浪と呼ばれている人も受験のライバルとして登場してきます。

びっくりするかもしれませんが、医学部受験のために8浪や9浪することだって少なくないのです。浪人すれば必ず受かるというわけでもありませんし、逆にしっかり自分の勉強法の基盤と、これからお伝えする「分析」と「戦略」を立てていくことで、現役合格することも夢ではありません。

まず多くの人は東大医学部や京大医学部というよりは、地方国公立大学でもよいので、

「医学部に合格したい」というのが本音だと思います。

でも、実は医学部でもそれぞれの大学によって入試の傾向もずいぶん違いますし、自分の今の状況を分析したうえで、志望校を決めていく必要があります。

もちろん明確にこの大学の医学部じゃなきゃダメなんです……という人はしっかりその大学の傾向に合わせて勉強していってほしいのですが、今回はそうでない人向けにお話ししたいと思います。

まず普通の医学部はセンター試験の配点が比較的大きいことは共通していることだと思いますが、二次試験の場合、各科目の配点であったり、科目数が異なってくることが多いのではないでしょうか。

とくにカギを握っているのが「数学」です。

実際いろいろな大学の医学部に合格した人の話を聞いてみると、医学部に合格する人は「数学」が得意な人が多いといわれています。

それもそのはずで、多くの医学部は、数学・英語・理科が二次試験の科目になりますが、やはり数学が1問当たりの配点が他の科目と比べても圧倒的に大きいので、1問できるかできないかで大きく差がついていきます。

もしあなたが高校1年生や2年生であれば、数学を早いうちから解法暗記やランダムリフレクションなどを使って基礎を固めていきましょう。

じゃあ「私は受験生だけど、数学が苦手なんです」という人は、医学部受験に向いていないのかといわれればそうではありません。

私の経験から、医学部受験では、数学・理科（2科目）・英語の4科目のうち、2科目以上は得意科目にしておく、あるいは苦手科目を1つも作らなければ、戦略しだいで医学部現役合格は可能になると考えています。

数学ができなくても、たとえば英語と物理がある程度得意であるという人ならば、十分合格へ最短ルートで突き進めると思っています。

ただ、それぞれこの科目は得意だけど、この科目は苦手というのがあると思います。

まずはその分析を自分で必ずおこなってほしいのです。

その分析で使うのは、過去の模試の成績です。

しっかり見返して、自分はどういうところができていないのかというのを、科目ごとというよりも単元ごとに列挙していきましょう。

数学であれば、微分積分は得意だけど、確率は苦手であったり、英語であれば、文法は得意だけど、英作文は苦手であったりと、模試を見ればそれぞれ単元ごとに分析してあるのがわかると思うので、それを見て、自分の今の状況を知りましょう。

それを知ったうえで、一番大切なことは「戦略」を立てることです。

実は各大学で入試の形式や配点が異なるといったことを踏まえると、自分の得意不得意に合わせて、力が出せるような大学選びをすることが重要になっていきます。

たとえば数学は比較的苦手だけれど、英語と理科が得意という人がいたとしたら、英語と理科の配点が大きい順天堂大学や東邦大学を目指してもよいです。

ほかにも私の友だちで実際にいたのは、センター試験は9割以上とれる自信があるけど、二次試験がまったくもって点数がとれないという人でしたが、彼は1浪で、前期試験で不合格になったものの、後期試験で広島大学医学部を受けて無事合格することができたそうです。

というのも、広島大学医学部の後期試験は、センター試験と面接だけで決まるので、センター試験が9割以上とれている人であれば、面接さえ頑張れば二次試験を受けずに合格することだってできるのです。

つまり、何がいいたいかというと、

「得意科目を見つけて、その配点が大きいところを目指してみる」

ということが、とくに志望校選びに困っている人にはおすすめの戦略です。

「じゃあ、そういう情報はどうやったらわかるの?」という疑問を抱いている人もいると思いますので、お答えすると、簡単にいえば学校の「進路指導室」を利用して資料を見たり、あるいは学校や塾の先生に直接相談しに行ってもよいです。

学校ならば、三者面談のときに担任の先生からアドバイスをもらえると思いますし、またしっかりと自分の状況を話せば、真摯に探して答えてくれるはずです。

また本でも、『全国医学部最新受験情報』というものがそれぞれの年度用に作られているので、もし本気で困っている人は買ってみてもよいでしょう。

ただやはり私としては、しっかり先生を頼ってコミュニケーションをとることが、納得もできますし、またよい宣言にもなりますので、今自分の志望校に悩んでいる人はとくに、恥ずかしがらずに聞いてみましょう。

②医学部面接について　~数々の面接を担当してきた教授が伝えたいこととは~

①で自分の志望校が決まったら、とくにその配点に合わせて、この本の勉強法でしっかりスピード感をもって実践していってほしいのですが、医学部志望の方で悩まれるもう1つのことは「面接」ですよね。

東京大学医学部も最近までは面接を中止していましたが、今後また面接を導入していくそうです。ただ基本的に医学部はどの大学も面接があるところがほとんどだと思います。

面接ってどうやったらよいのか？　と考えていろいろな本を読んだり、実際学校で先生に相談して練習につきあってもらったりしている人も多いと思います。

面接はこうやらなければいけない！　という法則はないので、基本としてはきちんと受け答えができること、また簡単な医学の知識を知っており、その意味や自分の意見がいえるようになることが必要です。

そんなことは、普通の面接対策の本に載っていると思うのですが、私がここでお伝えしたいのは、実際の面接を何度も担当してきたある教授のお話しです。

これは東大医学部ではなく、ある地方大学の医学部医学科の教授がいっていた言葉ですが、グループ学習で一緒に勉強していた友人が教えてくれたことで、本当に真理を突いた言葉でした。

その内容は、こうです。

その先生は何度も医学生を面接しているということなのですが、どうしても気になるということがあるといっていました。

よく面接で医学生たちが、

「なんでも診られるお医者さんになりたい」

「患者さんにやさしいお医者さんになりたい」

といっていることが多いそうです。

ただ先生はその言葉が何か引っかかるといっていたそうです。

というのも、先生からしたら「なんでも診られる」というのは不可能であること、そして「患者にやさしい」というのは、先生としては当たり前にできてほしいことだと思っているのです。

つまり、何がいいたいかというと、そのようなことを目標には設定しないでほしいということ。

その先生が考えるお医者さんに必要なことというのもおっしゃっていて、
1つ目は**「違いに敏感であってほしい」**、つまり**「洞察力を持ってほしい」**ということ。

2つ目は**「多くの事象で、総合的に判断する力を持ってほしい」**ということ。

3つ目は**「コモンセンスを大事にしてほしい」**ということでした。

コモンセンスについてですが、「常識」というよりも「良識」という意味で、人としての、世界レベルとしての、エリートとしての良識を持ってほしいということでした。

これを聞いていかがでしたか？　もちろんすべての医学生がこのような解答ができるということは思っていません。ですが医学部受験をするうえで面接がある人が多いと思います。面接があろうがなかろうが、何かちょっとした時間でよいので、自分はどういうお医者さんになりたいのか、ということをこの意見も踏まえて、自分なりに考えてみてはいかがでしょうか？

それをぜひモチベーションの1つにしてもらえたらなと思います。

③医学部に入ってから体験した驚くべき事実とは

①、②を読んでいかがでしたか？

意外と自分では気づかないような視点が見えてきたと思います。

最後に医学部に入ってから体験したことをお伝えしていきます。

まず医学部に入って気がついたこととしては、1つの科目で覚える量が今までに経験したことのないくらい多いということです。

解剖学や生理学、薬理学がそのなかでも難しいとされていますが、やはりこういった意味でも自分のなかでの「勉強法」というのが確立していなければ、大学に入ったあとからもっと大変になってしまいます。

とくに地方の医学部だと、進級条件が厳しく、1つでも単位を落としてしまうと留年してしまう、つまり「留年になりやすい」という印象がとても強いです。

ですので、まずは1つ1つ講義や実習の際に得られるものを多くしていく、そしてその場で定着させる量を増やしていくことが求められます。

ただ医学の勉強は、この勉強法じゃないとダメというものはありません。

たとえば暗記するときに、蛍光ペンで文字を引いて、赤シートで隠して覚えている人もいれば、スマホのアプリを使って、単語帳を作って覚えている人もいます。はたまたひたすら書いて音読を繰り返して覚えている人もいたりと、暗記の仕方はさまざまです。

それぞれ聞いてみると、受験のころから自分の勉強法が確立しているという人が多かったので、そういった意味でもこの本に書いたことは大学に入ってからでも使えますので、まだ実践していない勉強法があれば、ぜひやってみて自分のものにしていきましょう！

また医学部の実習は深夜までおこなわれることもあります。

東大医学部ではあまり深夜までの実習というのはないのですが、地方の医学部だと、とくに解剖実習とかだと、手際が悪いと深夜まで居残ってしまうということが普通にあるみたいです。

実習は5人班で協力しておこなうことが主ですが、やはりどんな実習も予習が不可欠です。予習をしていないと、班員の足を引っ張ることになり、実習の手際も悪くなってしまいます。ですので、医学部の授業はやはり「チームプレイ」が多いのも特徴です。

テストなどがあるときは、班で集まってグループ学習をしたりして、みんなでポイントを話し合って、勉強することが少なくありません。

そういった意味でもやはり勉強の仕方は、受験勉強のときから学んだことも生かすことができますが、みんなで協力して乗り越えようという、つまりまさに団体戦の状況を表わしているのが医学部の特徴だと思います。

ただ学年が上がるにつれて、医学部の授業や実習にかける時間が多くなっていきます。そうなった場合、「本気で医者になりたいのか?」という思いの強さで、モチベーションが左右されていきます。

医学部に入ったからには、必ず医者にならなければいけないということはありません。

自分の興味を持ったものがあれば、そちらに進むこともありだと思っています。

でも、やはり多くは医者になるために医学部に入っている人ばかりです。そうなった場合、やはり自分がどういったお医者さんになりたいかという目標を明確に定めておくことが、講義や実習が大変になったとしても、乗り越えられる活力になると思います。

今の受験生の段階で、「このような医者になりたい」という目標が明確に定まっている人は少ないと思いますが、考える機会をつくってみてもよいのではないでしょうか？

①〜③を通して、普段いわれないような医学部受験の勉強法やマインドセットのお話しをしましたが、今すぐからでも実践できるものとなっています。
まず志望校を決めていないのであれば、しっかり分析と戦略を立てて考えてみる。

そして志望校が決まれば、それぞれの配点に合わせて、スケジュール管理報告もおこなっていくことが大切になっていきます。

今のうちから自分の軸となる「勉強法」を身につけて、実践していきましょうね！

必ずよいお医者さんになれると信じています！

第5章

東大生が無意識に持っている最強のマインドセット

人は誰でもある目標（ゴール）を定めたときに、何かを選択し、行動に移すことになります。そのときに右に進むのか左に進むのか、もしくはやるのかやらないのかを判断する際の基準になる考え方こそが、これから具体的にお伝えする**「マインドセット」**になります。

受験で一流大学に合格するような人は、例外なく自分の確固たるマインドセットを持っています。つまりマインドセットは、受験勉強において合格か不合格になるかを決めるといっても過言ではない、もっとも根本にある考え方のことなのです。

『思考は現実化する』（ナポレオン・ヒル著）という私が愛読している、成功法則のすごく有名な本があるのですが、そのなかの基本となる考え方で、「結果が出る順番」というのが明確に定められているんです。その本には**「思考→行動→習慣→結果」という順番で人は成功していく**、というようなことが書かれています。

一番最初にあるのが「思考」です。

そして、ここで述べられている「思考」という部分が、今回のメインテーマすなわち「マインドセット」のことなんです。

もっとも重要な土台として「思考」があり、その上に行動（作業）が成り立ちます。行動（作業）を継続できれば、やがてそのことが習慣化されます。習慣化されれば、結果が出るのは、もう約束されたようなものです（まさに第4章まででお伝えしてきたことと軸は同じですよね）。

これまでも本のなかで「マインドセット」という言葉は出てきたと思いますが、今回受験勉強におけるマインドセットについて、もっと具体的で実践しやすいものをお伝えしていきます。

自分の進化を妨げる言葉に注意せよ！

第2章で、自分の進化を妨げる2つの悪魔の言葉についてお伝えしましたが、覚えていますか？　これも復習ですが、「知っている」と「聞いたことがある」でしたね。

これらを使ってしまうと、**自分の好奇心がシャットアウトされてしまい、知識の吸収が働かなくなってしまう**ということでした。

ですが、これ以外にも重要な「進化を妨げる言葉」というのがあるのです。

それを私は「3D」と呼んでいますが、これは当てられますか?

一瞬でもよいので、3Dの正体を考えてみてください。

実は今回の3Dというのは、3つの頭文字がDで始まるというものですが、答えをお伝えすると、

「でも(Demo)」

「だって(Datte)」

「どちらでも(Dochirademo)」


この3つの言葉です。

こちらのワードは聞いたことがある人も多いと思いますが、簡単に言うと**「言い訳をするな!」**ということです。

今日朝起きてから3Dを1回でも使ってしまった人、そのなかでもとくに口癖になっている人は要注意です。

これらの言い訳の言葉が、自分の心理にどういう影響を与えるかということですが、基本的に人間って「やりたくないな〜」って思っていることが多いです。

ですので何か新しい行動を移すときに、ほとんどの場合、3Dで言い訳をして結局チャレンジしようとせずに終わってしまうことが多いのです。

実際何かを行動するときに必ず摩擦が発生しますが、その摩擦があまりにも大きすぎると、立ち止まって行動できなくなってしまいます。まずは一旦摩擦を減らす方法を考えていく必要があります。

私なりの摩擦の減らし方、それは**「普段からいやだと思うことにチャレンジすること」**、つまり**「飛び込み癖」**をつけるべきだ、ということです。

この摩擦の経験って日常生活で考えると、星の数ほどあります。

たとえば遊園地に行ったときによくある「ジェットコースターに乗るか否か問題」、小さいころお寿司を食べるときに「わさびをつけるか否か問題」、サウナのあとに「水風呂に入るか否か問題」などなど、あなたにも摩擦の経験がよくあると思います。

ただどのことにも当てはまるのは、**「一旦摩擦を越えて経験すれば、より新たな視点が見えてくる」**ということ。

つまり、「自分の基準値がどんどん上がっていくこと」にもつながると思います。

これは受験勉強にももちろん当てはまることで、たとえばいろいろな受験生を見ていると「復習」一つにしても、摩擦が大きい人と少ない人の両方がいます。

「だって復習って面倒くさくない？」「復習はしてもしなくても、どちらでも変わらない」と言い訳をする癖がある人は、行動できずに終わってしまいます。

しかし、いったん経験して習慣化している人にとってはどうでしょう？

復習は当たり前のことで、いやな感情は抱くことなく進められると思います。

その違いは「挑戦したことがあるかないか」それだけのことです。

1つの参考書をやるにしても、1周目だけやって諦める人が多いですが、それをたとえば3、4周やっていけばどんな人でも必ず成績は劇的に上がっていきます。

ただそれを「面倒だな、どちらでも同じだ」と言い訳してしまうと、何も成果が得られずに終わってしまうのです。

まさにこれって第4章でお話ししたコンフォートゾーンのことですよね。

自分の慣れ親しんだ空間（コンフォートゾーン）に慣れてしまっている人は、摩擦のない、そして何も自分に進化が起きずに、成績も上がらなくなってしまいます。

よく「自分が手の届かないくらいがちょうどいい」といわれていますが、まさにその言葉のとおりで、摩擦ゼロの生活よりも、**「つねに少しの摩擦がある状態でそれを乗り越えていく」**ことを軸にすべきです。

言い訳をして行動への摩擦を大きくするのではなく、また何も新しいことに挑戦しない摩擦ゼロの生活を送るのではなく、つねに自分の手の届かないところを目標に、上を目指していきましょう！

つねに目標を達成した自分を繰り返し演じていこう！

私は受験生のころ、よく合格体験記を読んで、実際に東大に合格したときのこと、また東大合格後の楽しいことやうれしいことを想像していました。

東大に入って全国からの精鋭たちとともに切磋琢磨できること、また自分のやりたいことを見つけ、そしてサポートしてくれる環境、圧倒的に自分の基準値を上げてくれることを考えて、とてもワクワクしていました。

合格したあとの自分を想像することは、ワクワク感に満ちあふれ、好奇心が高まって、勉強のやる気を上げるという意味でもとても重要です。

合格後の自分を具体的にしっかり考えることも大切です。

私の教えている生徒を見ていると、「なんといっても今まで馬鹿にしてきた人を見返してやりたい！」

「志望校に受かって親孝行したい！」などの強い思いを持っている生徒のほうが、比較的成績が短期間で伸びやすい傾向にあるのです。

実は人間は、「イメージできないことは達成できない」といわれています。

ということは逆をいえば、**イメージしつづけることができれば、ほとんどのことは達成できるのです。**

受験勉強に限らず、他の分野でもこの「イメージトレーニング」は重要になってきます。

たとえばリオオリンピックで、男子体操で金メダルをとった内村航平選手。

彼の驚異的な身体能力の理由は、並はずれた「イメージ力」だといわれています。

複雑な動きを見る際に、あたかも自分が動いているように捉えてイメージしつづけているため、安定した着地や、高難度の演技ができているということです。

ほかにも、ソチオリンピックの際、フィギュアスケートの羽生結弦選手も、会場に向かう飛行機のなかで、４回転ジャンプのイメージトレーニングを何回も繰り返したといいます。

そして本番では見事4回転ジャンプを決め、目標だった金メダルを手にしたのです。

実は人間の脳は「実際の経験」と「頭のなかで鮮明に描いた想像上の経験」を区別するのが苦手だといわれています。つまり想像上の経験でも、あたかも実際に成功体験を生みだしているかのように考えることも可能だということです。

これまでも「成功体験を作ることで、自分の自信と成績向上につながる」ということをお伝えしてきましたが、イメージトレーニングをすることは、成功体験を作ることとほとんど同じだということを踏まえると、よりイメージトレーニングの大切さがわかってきますよね。

目標達成したあとの自分を具体的に思い描き、そしてどんどん演じていくこと。

成功している人の多くは、目標達成したあとの自分から見て、つまり未来の可能性を基準にものごとを考えている人が多いです。

合格したあとの自分の生活をリアルに想像してみて、それだけではなく、目標達成したあとの自分を演じたら、つまりタイムマシンに乗って、現在に来たとしたら、どういう時期にどういう目標を立てるか、を考えていきましょう。

イメージすることすら難しいという人は、合格体験記であったり、または実際にオープンキャンパスで志望校に足を運んでみて、具体的なイメージングをおこない、そこに自分の姿を照らし合わせてモチベーションを維持していきましょう。

今の自分の裁量に合った、コンフォートゾーンのなかで目標を決めるというよりも、自分の先の先の生活を考えて、未来の自分から見て「誇れることかどうか?」を考えていきましょう。

この目標を設定することで、「自分の未来がよい方向に変わるかな?」とイメージするだけでも大きく変わっていきますので、ぜひ実践してみてください!

どんどん宣言して、よい意味で自分を追い込む

東大に入っていろいろな人を見てきて、一番思うことは「自分の追い込み方」がとてもうまい人ばかりだなと思うのです。

もちろん東大生だからといって、毎日勉強しかしていないという人はいませんが、テスト期間中は、東大のなかにあるものすごく広い図書館でも席がいっぱいになるくらい、多くの人が来て勉強しているのですが、雰囲気だけでもものすごい集中力が感じられます。

じゃあ、そんな集中力をどうやって得ているのか、というともちろんいろいろな理由は

あると思いますが、私は**「宣言効果」**によるものが大きいと思っています。

というのも私はもちろん、私の友人も含めて、とくにテスト期間になると、「どういう戦略で、そしてどのくらいの勉強時間でこのテストを片づけていく」ということをみんなで話し合うことが多いです。

1回のテスト期間に、テストは1つだけではなく、5つ程度、多い人で10以上ある人もいます。やはりそれぞれのテストに向けて、戦略を練らなければならないのですが、そのような戦略は自分のなかで決めて、自分のなかだけで完結すると考えるのが普通です。

ですが、あえてどんどん**他人に宣言していくことこそが、自分を追い込み、集中力を極限まで高める**ことにもつながっていると思います。

これは受験生のときもまったく同じで、やはり成績が上位の人ほど目標を宣言をして、自分を追い込んで勉強しています。

私が実際教えている生徒には、毎週スケジュール管理報告で来週の勉強量と勉強時間や、次の模試の目標を宣言させています。

電話で相談することもあるのですが、とくにメールやLINEなどのように文字だけで宣言するというよりも、直接言葉で話して宣言させたほうが、目標達成率というのは劇的に高くなってくるのです。

そういう生徒に限って「正直自分ではできないと思っていたけれど、本気でやってみれば意外と私でもできました！」といって、基準値を上げていっているのです。

ある目標を達成するのに、あらかじめ目標を周囲に宣言すると成功率が上がるというのは「宣言効果」といって心理学的にも実証されていることなのです。

経験したことがある人はよりわかると思いますが、自分の夢や目標を周囲の人に宣言すると、あとには引けなくなり、達成しないといられなくなりませんか？

また繰り返し他人に話すことで、自分の潜在意識にしみこんで達成しやすくなるということもいわれています。

宣言というのは恥ずかしいと思っている人も多いと思いますが、友だちや家族などに定期的に目標をどんどん宣言していきましょう。

とくに家族だと、宣言していくと自然と応援してくれて、そして自分の心の支えにもなってくれるので、とてもおすすめです。

あの松岡修造さんが東大合格する？

突然ですが、今まで挫折を味わったことはありますか？

さすがにNOという人はいないと思います。

受験勉強に限らず、日常生活でも挫折を味わうという経験は誰にでもありますよね。

でも成功する人と失敗のままで終わる人の違いって何かと聞かれたら、**「挫折したあとの立て直し方」**だと思います。

実際私も受験生のときに、得意の数学で偏差値43という成績をとってしまい、あのときは本当に絶望してしまいました。もちろん自信をなくし、気持ちが落ち込むこともありました。

それでも、今思うと、あのときにもう一度ポジティブになり、諦めずに立ち上がることができたことが、勉強法の確立であったり、成績上昇、そして東大合格につながったのだと思います。

失敗したときに立ち上がることができるためのポイント、それは**「ばねのように失敗をエネルギーにかえて、ポジティブになる」**ということです。

熱血男といわれれば、真っ先に思いつくあの人！　私も大好きな松岡修造さんです。

実は**松岡修造さん並みのマインドセットを手に入れたら、東大合格は一気に近づいてくると確信をもっていえます。**つまり松岡修造さんは東大に合格しやすいのです。

もし失敗したときに、私が松岡修造さんならこういうと思います。

「ばねを見てみろよ！　どんなに縮んでも離せばものすごい勢いで跳ね返してくるだろう？　自分が失敗してそこで立ち止まってしまうともったいない。ばねのように失敗をエネルギーに変えて自分を進化させていこう！　今日から君は〝ばね〟さんだ！」

たとえば失敗したときに「できない」「わからない」「もういやだ……」などのネガティブな発言をしていると、立ち直るまで時間がかかり、挽回するのは難しいです。

松岡修造さんがネガティブ発言している姿なんて想像できませんよね（笑）。

ですが、ばねのように失敗をエネルギーに変えられる人というのは、**「再度挑戦しよう！」「きっとうまくいく！」とポジティブな言葉で自分を勇気づける**ことで、失敗する前よりも自分を成長させることができるはずです。

もちろん成功体験は自分の自信にもつながってくるという点でメリットはありますが、「失敗体験」という言葉があるとしたら、私はそちらのほうが重要だと思っています。

社会人になってしまうと、一人の失敗が全体の成績に関わると考えてしまい、なかなか失敗することへのリスクが大きくなってきてしまいます。

ですが正直受験勉強をしているときには、テストや模試ではたくさん失敗することができますよね。その都度悩んでしまって立ち止まってしまう、というのでは時間的にももったいないです。

そうではなく、自分の軌道を修正して次につなげていく努力をする、自分のマインドセットを変えて、新しいことに1つでも多く挑戦していくことが、あとあと大きな成果につながってくるはずです。

私がよくお伝えするのは、**「自分のミスのパターンを分析する」**ということ。

たとえば数学の問題でケアレスミスが多い人だったら、どういった計算過程でそのミスをするのかということを、自分の頭のなかで、あるいはメモにとって記録しておきましょう。

これを繰り返しやることで、自分のミスのしやすい計算に出会ったら、より見直しをする癖がついてきますよね。

この分析っていうのは、やはり失敗しないとわからないことが多いです。

それが数学の1つの問題だろうが、模試だろうがどちらも同じです。

まずはしっかり今の現状を分析していく、そして自分に足りていないことを具体化し列挙（勉強時間？　科目別の勉強法？　目標設定？　など）をしていくことで、自分の軌道が修正され、最短最速で自分の成績が上がってくると思います。

もし自分で分析できなければ、学校や塾の先生をつかまえて、直接話して相談してみることが一番です。何ごとも自分一人だけで抱えない。質問できる人にはどんどん自分の思いや、やり方を伝えてみて、それを踏まえたうえで、自分の頼れる指導者によいアドバイスをもらってください。

そこでしっかり宣言をすることで、より目標達成まで一気に加速することができるのです。

セルフイメージの重要性を理解せよ

「あなたはいったいどんな人間ですか？」

と聞かれたら、どんな答えを返しますか。

人間は誰でもセルフイメージを持っています。

セルフイメージというのは言葉のとおり「自分の像＝自己像」のことになります。

つまり「自分はこういう人間だ」と強く思い込んでいる自分自身のイメージのことですね。

- 「自分は人前で緊張する」
- 「自分は優柔不断だ」
- 「自分は頭が悪い」

たとえばこれらはすべてセルフイメージです。

本当のところはよくわからないし、他人がどう思っているかもわからないですが、本人がそう思い込んでいるということです。

このセルフイメージというのは、生まれ持ったものではなく、両親のしつけなど幼少期の経験などから徐々に積み重なってできあがってくるといわれています。

たとえば残念なことに、もし仮に子供のころ「あなたはダメな子ね……」という言葉を投げつづけられた場合、いやでも自分のなかで「自分はダメな人間なんだ」などというセルフイメージができあがってしまい、自己評価の低い子供になってしまうのです。

もしあなたが、「大勢の人の前でプレゼンテーションをすることが得意ではない」と思っており、「自分は人前で話すと緊張する」というセルフイメージを持っていたとします。

そうしたら、「緊張して声がうわずったらどうしよう……」と考えてしまって、身体がガチガチに緊張してしまって、動きがぎこちなくなります。

逆にセルフイメージがポジティブなものであれば、なりたい自分に簡単になることができますが、セルフイメージの例を見てもわかるとおり、人は本能的にマイナスの要素を考えやすいのです。

ただセルフイメージは、一旦ついたものは一生涯固定されているというものではありません。

これからの経験によって上書きされていく、つまりこれからあなたが考えることや行動することによって今のセルフイメージを変えることもできます。

セルフイメージが低い、つまり自己評価が低いと、「どうせ何をやっても失敗する」と思いこんでしまい自信もなく、モチベーションが上がらない状態になってしまいます。それだと成功することは難しいですよね。

ですが、セルフイメージを強化する方法さえマスターすれば、自信ややる気の向上にもつながり、受験勉強に限らず、あらゆることに対して、成功へと導く考え方ができるようになります。

実は一流大学に合格するような受験生は、無意識にセルフイメージの上げ方を知っているため、勉強に対しての自信やモチベーションを高めている人ばかりです。

あなたが「絶対に第一志望に合格できる！」と思えば、そのセルフイメージは行動につながり、そして記憶力の圧倒的な向上や集中力アップにつながり成績が爆発的に上がり、そして第一志望合格につながるのです。

逆に「どうせ自分なんか……」と思っていたら、自然と行動に現われて、集中もできず記憶力も定着しない状況が続いてしまいます。

実はセルフイメージを強化する具体的でわかりやすい方法は存在します。

一流大学に合格するような人全員が知っていて、意識的に使っているとはいえませんが、無意識のうちに、自分のセルフイメージを上げて、集中力や記憶力を向上させているのです。

そんな一般には知られていない、東大生がこっそりやっている自分でセルフイメージを極限まで高めることのできる極秘メソッドを公開していきます。

セルフイメージを極限まで高める極秘メソッド

「高い壁を乗り越えたときに、その壁は自分を守る砦となる」

私の大好きなこのフレーズ。第2章でもお伝えしていますが、実はこのフレーズが、セルフイメージを極限的に高めるヒントとなっています。

セルフイメージを極限まで高める極秘メソッドは、大きく分けて、

①「短期間でセルフイメージを上げる方法」
②「セルフイメージを継続的に上げつづける方法」

の2つがあります。
①は「乗り越えてきた壁を見つめ直す」という作業です。
今までに乗り越えてきた壁が、自分を守る砦となるというのはまさにそのとおりで、自分が乗り越えてきた成功体験を小さなものでもよいから思い返すことで、「自分はこんなにやってこられたんだ！」と実感でき、自信やモチベーションが短期間で急激に上がり、セルフイメージが強化されてきます。

勉強に限らず、どのようなことでもよいです。

たとえば私の場合は、高校1年生のころ、初めての将棋の大会で、ほかの高校の3年生に勝つことができたこと、百人一首のクラスマッチで代表に選ばれて、優勝できたこと。

また、全校生の前で、ベートーベンの第九演奏会で、テノールのソリストを務めたこと

……など考えてみると、意外とちょっとしたことでも列挙することができます。

今3分程度の時間のなかで、**今までの人生でちょっとしたことでもよいので自分の成功体験を振り返ってみてください**。そうしてできるだけ当時のことを思い出して、ぜひ友だちや家族に話してみてください。

そうすると自然と自分のなかで潜在意識から、「自分はこんなにやってこれたんだ！」と実感でき、セルフイメージが急上昇してきます。

とくに友だちや家族に話して、「すごいね！」とほめられて認められると、よりセルフイメージが上昇しやすくなるのです。セルフイメージが強い人は、「ほめられることに強い」、言い換えると、簡単にほかの人からの意見を受け入れられる人なんです。

まわりへの感謝を忘れず、「ありがとう」という回数が多い人ほどセルフイメージが高く成功しやすいともいえるでしょう。

②の継続的に上げつづける方法としては、**「立ち向かっていない新たな壁に挑戦していく」**ということです。

これまでお伝えしたことで言い換えるなら、コンフォートゾーンから抜け出して今自分が習慣化している勉強量や目標よりも、少し上を目指していこうということです。

この壁は模試やテストなどが一番わかりやすい壁ですが、それ以外にもたとえば1週間ごとのスケジュール管理報告で、自分の宣言した目標を乗り越えられたら、次の1週間で少し目標を上げて基準値を高めてみるということでも大丈夫です。

今自分ができるレベルでの目標は、はっきりいうと目標ではありません。

逆にとてつもなく高い壁をみせられても、まったく乗り越えられる気がしないように、膨大な量の課題を目標にしても、できないという体験が勝ってしまうと、逆にセルフイメージが下がってしまうこともあります。

今の自分の状況に、時間や量など視覚化できる基準で目標設定をしていきましょう。

また何度もお伝えしているとおり、1ヵ月に1回程度ある模試は判断材料だと思って、しっかり復習サイクル大作戦なども活用しつつ、そこに合わせていきましょう！

どのような成功体験でもよいので、まずは壁を乗り越えること、そうするとより自分のスピード感が増して成績も着実に上げていくことができます。

自分に甘えず、やることをやりつくすことが大切です。

ほとんどの人は自分のセルフイメージが高まっていない状態なので、車でたとえるならば、ブレーキを踏みながら進んでいるような状況です。

しっかりまずは自分のなかのセルフイメージを上げて、まわりの人からほめられ、認められることに慣れていきましょう！

完璧を目指さない

私からの最後の言葉、それは「完璧主義を目指すな！」ということです。

東大生を含め受験に合格する人は「完璧主義」じゃないのか？

世間一般的には、そう思われているかもしれないのですが、はっきりいいます！　完璧**主義は病気です‼**

「えっ⁉　すばるさん何いっているんですか？」

そう思われても仕方ないです。

ただ嘘をいっているのではなく、これを知らないと、

- いくらやる気やモチベーションが上がっても、
- そしていくら質のよい参考書をやっても、
- 加えてどんな効率のよい暗記法をやっても、

まったくスピード感が上がらず、努力しているのに結果が出ない非効率な勉強になってしまうのです。

そうならないためにも、ここからお伝えすることは真剣に読んでくださいね。

完璧主義と聞くと、１００点満点を目指してつねに自分に芯を持って行動している素晴らしい考えのように聞こえてしまいますが、逆をいえば**自分の行動が制限されているってことに気づいていますか？**

完璧主義の人だと、うまくいかない理由……

それは最初の一歩が不完全な場合は行動することができない、ということです。

たとえば参考書だと、わからない問題があった場合、きちんと解法がわかるまで、それに1時間以上悩むということだってあるのです。

つまり1周目を終わらすのに、ものすごい時間がかかってしまい、2周目、3周目をやろうとしたときには、もう入試まで時間がないという状態になり、他の科目も十分にやることができず、不完全燃焼に終わってしまう。

実はこのパターンが残念ながら、努力しているのに不合格になってしまう人にすごく多いパターンなんです。第3章の暗記のところでもお伝えしたとおり、1周目を完璧にしたところで、2周目、3周目などの復習をしていかないと、頻度が足りずに定着率は格段に落ちてきてしまいます。

完璧主義な人というのは、やはり自分の計画したことや目標ができないと満足できない、すなわち自信も失い、やる気やモチベーションも落ちてしまうという悪循環に陥っています。

ただこれだけはお伝えしたいのですが、**東大生でも完璧主義の人なんて滅多にいないといっても過言ではないんです。**

実際すべての科目を完璧に理解できる人なんていません。

じゃあ、どういう人が多いのかというと、1つだけキーワードがあります。

それは「まぁいっか」という言葉なんです。

「まぁいっか」という言葉によって、完璧主義を捨てて、つまり自分のなかで不要なものを「捨てる」覚悟がついてきます。

すべて自分のできる限りのことは真剣にやろうとする集中力はとてもよいですが、一番大事なのは、**完璧主義なのではなく、優先順位を決める**ということ。

受験というのは、1つの科目で一定の点数以上とれなければ落ちるというものではありません。実際、1つの科目が0点でも他の科目がよければ受かるという「総合力」で勝負されるんですよね。

優先順位というのは、自分の得意分野を伸ばして、苦手分野はそこそこにやるということでもよいのです。

東大医学部の同期でも、国語は最後まで勉強の仕方がわからず、点数はあまりよくなかったそうですが、しっかり数学と理科で挽回して、合格を勝ちとったという人もけっこういます。

「正直な話、びっくりしました」

東大医学部（東大理3）と聞くと、日本最難関ということで、完璧主義じゃないとたどり着けない世界なのかと思っていましたが、実際はまったく違うということ。

私が第1章の最初に、「東大医学部って聞くとどういうイメージを思い浮かべますか？」とお聞きしましたが、やはり「完璧主義」という印象はあったのではないでしょうか？

一般的にいわれている変な固定概念に侵されてしまって、自分のやりたいように勉強できないというのは、根本から間違っていて、勉強が嫌いになる要因にもなってきます。

受験にとって一番重要なもの、それは「スピード感」と「柔軟性」です。

今までお伝えしてきたことはすべてこの2つに収束すると思います。

まさにこの本を読むときも同じです。

1回ですべて完璧に覚えようとせず、そして1つ1つすべてこの本に従ってやるのではなく、スピード感をもって、まずは自分の足りないものを柔軟性をもって実践していきましょう！

親御さんへ

受験勉強でもっとも大切なこと、それは成績や勉強法ではありません。
もちろん、それらも合格を勝ちとるためには必要なことではあります。
でもそれらよりもはるかに重要なことがあります。それが「他人の存在」です。

コラムのグループ学習でもお伝えしたとおり、誰もがまわりの人によって支えられながら、日々生活しています。そのなかでももっとも影響を受けやすいのが「親御さん」の存在です。親御さんの協力のありなしで、お子さんの受験結果が左右されるといっても過言ではありません。

自分の受験経験はもちろんのこと、集団指導や個別指導の講師として三者面談をしたり、また家庭教師として、生徒の親御さんとお話しする機会が多いのですが、やはりどの親御さんも、お子さんが勉強できるようになってほしい、できるなら一流の高校や大学に入ってほしいと心底思っているということが伝わってきます。

でも実際どのように接してよいのか、わからないというのが本音だと思います。

私の経験や、まわりの東大生、そして今まで教えてきた数多くの生徒を見てきて、勉強にプラスになるような「親御さんの接し方の7つの法則」をまとめましたので、ぜひ「自分はどうなのかな？」と現状を振り返りながら、読んでいただけると幸いです。

①勉強は基本自由にさせましょう

お子さんの様子を見て、ついつい「勉強しなさい！」と怒ってしまったという経験はありませんか？　しかし実際勉強を強制しようとしても、お子さんからすると逆効果になってしまうことが少なくありません。どうしても親に強制されたらモチベーションも下がってしまい、反対に勉強しなくなってしまいます。これはものすごく難しいことだとは思います。ではどうすればよいかというと、次の②を見てください。

②他人と比べず、しっかりほめてあげましょう

お子さんの成績がよかろうが悪かろうが、しっかりお子さんの状況を見てできているところを見つけてほめてあげてください。よく「自分はほめられて伸びるタイプなんだよね～」といっている人がいますが、実は当たり前で、人間はだれしも誰かにほめられて成長

するようになっているのです。

絶対にしてはいけないことは「○○君はもっと点数とれているよ」というようにほかの人と比べてしまうことです。お子さんは自分の努力を認めてもらいたいのに、ほかの人のほうが……といわれると、正直やる気もなくなってしまいますよね。

ちょっとしたことでもよいので、できていることをほめてあげる。それは結果でも過程でもどちらでもよいです。そうすれば、お子さんのセルフイメージとモチベーションが自然と高まっていき、スピード感をもって、勉強に取り組んでいくようになるはずです。「ほめる」ことほど、人を成長させることはありません。そのためにも、しっかり日ごろからお子さんの様子を見ていてあげましょう。

③体調管理に気を配りましょう

とくに暑い夏はエアコンをつけっぱなしで寝て、翌日風邪をひいてしまうなんてことはよくありますよね。ほかにもたとえばお子さんが夜寝ようとしているのに気づかずに、明かりをつけたり、テレビを見たりして無意識に睡眠を邪魔しているということはありませんか?

体調を崩すと、症状にもよりますが、最低でも1週間は勉強が思うようにうまくはかどることができず、モチベーションも下がってしまう原因になってしまいます。

これが受験前日だったらどうでしょうか？　もう悔いても悔やみきれませんよね。

そのためにもとくにお子さんが受験生であるならば、家族全員でしっかりサポートしてあげてください。実際親御さんが思っている以上に、お子さんは無理をして疲れているということが十分あり得ます。食事ひとつでも栄養のあるものを作ってあげれば、お子さんも応援してくれているように感じ、モチベーションが上がっていきますよ。

④モチベーションを高めてあげましょう

意外と受験生になると、日々勉強ばかりの生活になってしまうということが多く、単調な生活が続き、モチベーションも下がりがちです。

そのため、ぜひモチベーションを上げるために最大限のサポートをしてあげましょう。

たとえば何かのタイミングで、サプライズでご褒美をあげたり、また休みの日に志望校に一緒に見に行ってあげたりするだけでも、お子さんにとってはよい意味で刺激になり、モチベーションも劇的に上がり、勉強への意欲も高まってくるでしょう。

⑤参考書代はケチらないでください

受験生というのは当たり前ですが、お金がない人が多いと思います。参考書を買おうとしても高くて買うのをためらってしまうという人も多いのです。実際私もお金に困っていたので、あまり自由に参考書を買うことができず、ただそのかわり先輩がたから参考書をいただいて勉強していました。

ですが、やはり思っていたのは「自由に使えるお金があれば……」ということです。ぜひ十分な額の現金または図書カードなどをお子さんにプレゼントしてあげましょう。そうすれば自然とやりたい参考書に取り組むことができるはずです。

別に高額塾に通わせる必要はありませんが、参考書のほかにもなにか勉強関連で困っていることがあれば、いやな顔ひとつせずしっかりお金の面でもサポートしてあげましょう！

⑥しっかり相談に乗ってあげましょう

とくに受験が近くなればなるほど、お子さんは家で勉強せず、学校や塾の自習室で朝早くから夜遅くまで勉強するようになり、家に帰る時間も相当遅くなると思います。そんなときにお子さんが思っていることは「自分の家が憩いの場であればなぁ」ということです。勉強で疲れた自分をリフレッシュしてくれるところであり、また気軽に相談にも乗ってもらえるところを期待しています。

そのためにも、しっかり少しの時間でもよいのでコミュニケーションをとってあげましょう。また何かお子さんが悩んでいるようでしたら、しっかり相談に乗ってあげてください。相談のコツとしては、意見をバンバンいうのではなく、基本共感してあげるということです。

実際人は誰かに相談したときに、正しい意見をいわれるよりも、共感してもらうほうが自然とうれしく感じるものです。

悩みに共感してあげる、そのうえでその悩みを「一緒に」考える機会を作ってあげましょう！

⑦受験本番はできる限り一緒に行きましょう！

お子さんの志望校が地元から遠く、前日にホテルに泊まる場合は、できる限り親御さんがついていってあげましょう。

私は最初自分一人で行けると思っていたので、あまり来てほしいとは思っていませんでしたが、実際受験前日に風邪気味になったときに、母が薬を買いに行ってくれたり、また一緒に下見に付き合ってくれたりなど、自分の思っていなかったようなサポートをしてくれて、とても気持ちが楽になり、入試本番は何の不安なく、安心して受験することができました。

私の受験の年は2月の中旬くらいに都内で大雪が降り、とくに早稲田大学や慶応義塾大学を受験しに一人でホテルに泊まった人は、夜も眠れずに不安いっぱいで受験したという人が多かったみたいです。

幸い私は東大に絞っていたので大雪の影響はありませんでしたが、受験前日や当日に何が起こるかわかりません。そういったときに一人ではなく家族がいれば、お子さんからすると本当に心強い存在になるはずです。

実際大学受験だけではなく、お子さんが大学に入ってからも、そして社会人になって一人暮らししたとしても、親の存在はかけがえのないものとなってきます。

お子さんが大学受験を越えて、今後人生で大きな選択をしていくことが増えてくると思います。

そういったときでもしっかり相談に乗ってあげ、しっかり見守ってあげることが、お互いにとって信頼しあえる関係を築きつづけるコツだと思っています。

あとがき

ここまでお読みいただきありがとうございます。私のストーリーから具体的な「勉強法」までさまざまなことについてお伝えしてきましたが、いかがでしたか？

最後にいつも私が勉強を教えるときにいっている、「正しい勉強法」と受験についてのわかりやすい例を紹介します。

私はよく受験勉強と勉強法について、坂道と自転車でたとえることが多いです。

想像してみてください。

あなたは自転車で坂道を上っています。あなたを含めた受験生は全員、坂道の先のゴール（志望校合格）に向けて全力でこぎ進めているのです。

もし勉強をやらない日が続いたり、勉強する習慣ができていない場合には、自然と後ろに下がってしまいますよね。これは勉強していないと習慣や記憶が忘れていくことを意味します。また坂道の勾配は、あなたの志望校の難易度に比例します。あなたの志望校のレベルを下げたら坂道が少し緩やかになります。

これらを踏まえると、なんとなく今のあなた自身の状況がイメージできたと思います。

では、本書でお伝えしてきた「正しい勉強法」とは一体何なのか。

それは今あなたがこいでいる自転車の「ギアチェンジ」と一緒の働きをしてくれます。

たとえばただ漫然と勉強している人は、勾配の急な坂道を力いっぱいこいでいかないと進まない、つまりちょっと進むだけでもとてつもない時間と労力を使うことになります。

ですが、ギアチェンジがあったらどうでしょうか？

坂道に合わせて、ギアを変更することで少しの力で楽々こぎ進めることができますよね。

どちらが合格にたどり着きやすいかというと、もちろん後者のギアチェンジ、つまり勉強法がしっかり確立されている人です。これがまさに勉強法の真の力なのです。

よく効率を重視した勉強をしなさい、といわれると思いますが、まさにそれは言い換えると、「正しい勉強法で十分な量をこなす」ということです。

またギアチェンジをするときは、普通自転車をこぎながら変えますよね。けっして自転車を止めてからギアチェンジすることはないと思います。

実はこれもよい例で、今回お伝えした勉強法をすべて吸収して、今まで培ってきた勉強法を完全に捨てて切り替えるという人は、自転車を止めてからギアチェンジをする人と同じです。

そうではなく、あなたは勉強を継続しながら（つまり自転車をこぎながら）、自分の今持っている勉強の習慣ややり方などを見て、そこに一部修正を加えたり、新たに補充することが必要なのです。

そのためにも、本書で学んだ勉強法のうち、まずあなた自身に足りていなかったものから優先的に実践していきましょう。さらにスケジュール管理法などで勉強を習慣化することで、スピード感をもって質と量をこなすことができますよ。

騙されたと思って、まずはこの1ヵ月本気の覚悟で勉強に取り組んでください。

おそらく3日以内にすぐに勉強の習慣がついてくると思います。

そして1ヵ月後には、あなたに「小さな革命」が起きる、そう信じています。

「小さな革命」を起こした100名以上の私の生徒のなかで、厳選された二人の高校生の文章をご紹介します。成績が上がることは当然ですが、それ以外のことにも注目してくださいね。


すばるさんと出会う前の私はとにかく自分に自信がありませんでした。高校受験に失敗して、勉強のモチベーションも上がらず、家族にも迷惑をかけているにもかかわらず、ついひどいことをいってしまったり……。しかしすばるさんという存在が私を変えてくれました。淡い単色のぼんやりとした世界から、華やかなさまざまな色で彩られた明るいパステルカラーのような世界になったんです。

1週間の勉強時間が20時間、25時間、30時間……とどんどん上がっていき、勉強が楽しくて成績も上がっていきました。勉強時間が50時間を上回ったときには、ほんとに驚きました。

さまざまな勉強ももちろんですが、勉強の仕方を通して、勉学という枠を超えた多くのことを学んだ気がします。たとえば、自分の考え方だったり、感受性だったり。いろいろな人たちに宣言することで、まわりの人たちに支えられているということの大切さに気づくことができて幸せです。振り返ってみると自分なりにすごい成長したと感じています。1年チョイ後、東大で会いましょう！

（高校2年生　W・Tさん）

昔の自分は勉強時間も少なく、志望校に受かりたいと思いながら、何をすればいいのかわからず、とりあえず自分なりに勉強……というように闇雲に勉強をしていました。モチベーションも上がらず、そんな自分を情けなく思っていました。ですが、すばるさんに勉強に向かう姿勢から教えていただいて、それが徐々に変わっていきました。

まず、すばるさんの合格の経緯を読んだときは衝撃でした。すばるさんは私と同じ地方公立高校出身で、勉強がもともとできるわけではなかったのに、東大に現役で合格できたということは本当に驚きでした。努力で人は変わることができる、夢を勝ちとれるんだと感じました。またそれを読んだことで「私にもできるんじゃないか」と希望を持てるようになりました。今でもモチベーションが上がらないときや、くじけそうなときはそれを読んで気持ちを高めています。

ほかにも「自己管理術」や「マインドセット」そして「科目別の具体的な勉強法」などすばるさんに教えていただいた勉強法を取り入れることで、勉強量も倍になり、学校のテストでは文系のなかで1位を取ることができました。勉強することが当たり前になり、時間を有効に使えるようになったということは、私のなかでは大きな進歩です。

またすばるさんが一生懸命教えてくださったこと、ＬＩＮＥでも悩みを聞いてアドバイスをしてくださったことも、感謝しています。これからも合格に向けて努力しつづけます！

（高校2年生　K・Sさん）

どうでしたか？　ほかにも受験生から中学生まで学年問わず、いろいろな方からメッセージをいただいていますが、とくにこの二人からのメッセージは、勉強で成績を上げることはもちろんですが、それに加えて自分の内面からの成長や、まわりの人への感謝など今まで見えていなかったことまで感じている、わかりやすい例だと思います。

私の場合だと第1章でも書きましたが、とくに勉強と親孝行という言葉が、リンクしてモチベーションにもつながっていました。このように受験勉強は成績を上げて合格することだけでなく、無意識にでも何か自分に今までにない視点を気づかせてくれる、つまりあなたの内部に「小さな革命」を起こすものとなっていきます。

「小さな革命」を起こすための2つの条件を覚えているでしょうか？

「はじめに」でも書いたとおり、「正しい勉強法」と「基礎から教えてくれる指導者」です。

この2つの影響があってこそ、自分の人生まで大きく変えてくれるものとなるのです。

ここまで読んでくれたあなたにも「小さな革命」を起こしてほしい。その思いから実はこんな企画を用意しました！　それは「購入者限定プレゼント企画」です！

詳細は本のカバーに添付されているQRコードか、

http://todaigoukaku.com/special/?page_id=445

こちらから受け取ってください。

いろいろなコンテンツをお届けしますが、この勉強法の本をもっと有意義に使えるようになるための音声や、お小遣いキャンペーンなども入っています。

それだけではありません。なんと「私のLINEでの直接指導」も入っています！

この本で正しい勉強法はしっかり学べると思いますが、それだけでなく、私があなたのよい指導者となりますので、一緒に「小さな革命」を起こしていきましょう！

この「小さな革命」がさまざまなところで起きること……

そのためにもあなたが志望校に合格したら、それで満足せず今度はぜひ私のように後輩たちに勉強法を受け継いで、救っていってほしいと心から願っています。そうすればよい意味で「受験業界に革命が起きる」、そう思っています。

それが私の信念であり、この活動を続けている思いでもあります。

さて、最後にこの本が生まれるにあたって、私を支えてきてくれた方々に御礼を申し上げます。

高松高校時代にとくにお世話になった、持ち前の明るさでいつも笑顔にさせてくれた担任の川西先生。東大卒でもあり、いろいろなことを余すところなくご教授くださり、尊敬そのものでした数学の久保先生。進路指導や質問などいつも真摯に答えてくださった化学の久保先生。1年生のころ、面談の際に「宇佐見君は将来化けるかもしれませんよ」と未来予知してくださった当時の担任の志原先生。

そのほか塾でいつも相談に乗ってくださったり、陰ながら応援していただいたりして、大変お世話になった藤山先生、堀川先生、宮脇先生、畑中先生、津島先生、藤原先生、福田先生、そして私のためにいつも時間を割いて教えてくださった青木先生。

未熟な私ですが、さまざまな人に支えられてここまで来ることができました。

先生がたからいただいた1つ1つの「言葉」、それが今の私の原点となっています。

本当にありがとうございます。

またここまで私を温かい目で見守ってくれた高校時代の親友、東大での仲間、合唱サークルの先輩、同期、後輩たち、そして家族には本当に感謝しています。いつもありがとう。

とくに幼いころから、「お兄ちゃん、お兄ちゃん」といって、遊びや勉強を通じて、いつも頼って追いかけていた、いや目標にしていた兄がいたからこそ、今の私があるといっても過言ではないです。本当にありがとう、そしてこれからもよろしくね！

日ごろ応援してくださっているメルマガ読者の皆さん。いつも真摯に質問や成績報告をしてくれたり、また素直に勉強法を実践する姿を見ていつも刺激を受けています。

また「スバル塾」の精鋭メンバーのみんな。メンバーたちみんなでいつも競争や協力して、勉強している姿が僕の大きな自信となっています。これからも合格に向けて頑張っていこうね。本当にありがとう。

出版という機会を与えてくださり、本書の作成にご助力いただきました二見書房の編集担当者である小川さんには、大変お世話になりました。小川さんの多大なご尽力がなければ、本書は日の目を見ることがなかったでしょう。この場をお借りして感謝申し上げます。

そして最後に、この本を読んでくださったあなたに心より感謝申し上げます。

本当にありがとうございました。

２０１６年10月

現役東大医学部生が教える
最強の勉強法

著　者 ◎ 宇佐見天彗

発行所 ◎ 株式会社 二見書房

〒101-8405
東京都千代田区神田三崎町2-18-11
電話　03(3515)2311［営業］
　　　03(3515)2313［編集］
振替　00170-4-2639

印刷所 ◎ 株式会社 堀内印刷所

製本所 ◎ 株式会社 関川製本所

ブックデザイン ◎ 河石真由美

DTP組版・図版 ◎ 有限会社 CHIP

落丁・乱丁本は送料小社負担にてお取替えします。
定価はカバーに表示してあります。

ISBN978-4-576-16170-9
http://www.futami.co.jp

東大医学部生が教える
本当に頭がいい人の勉強法
葛西祐美＝著

公立校出身で専門塾へも通わず
東大理Ⅲに現役合格したすごい勉強法
数学オリンピックも２連覇！

数学はどのように勉強すればよいか？
難関校に受かる理系脳の育て方！

京大首席合格者が教える
「やる気」と「集中力」が出る勉強法
粂原圭太郎＝著

勉強には成績の上がる「やり方」がある
偏差値をいっきに急上昇させる合格る人の絶対法則

「受験勉強はもういやだ！」と悩むあなたに。
勉強への視点を180度切り替えてくれます。

絶賛発売中！